初中语文专题化阅读
教学策略与创新设计

宋聚敏 / 著

北京燕山出版社

图书在版编目（ＣＩＰ）数据

初中语文专题化阅读教学策略与创新设计 / 宋聚敏
著 . — 北京 : 北京燕山出版社 , 2023.5
　　ISBN 978-7-5402-6918-0

　　Ⅰ . ①初… Ⅱ . ①宋… Ⅲ . ①阅读课—教学研究—初
中 Ⅳ . ① G633.332

中国国家版本馆 CIP 数据核字（2023）第 076412 号

初中语文专题化阅读教学策略与创新设计

著者：宋聚敏

责任编辑：邓京

封面设计：万娇皎

出版发行：北京燕山出版社有限公司

社址：北京市丰台区东铁匠营苇子坑 138 号

邮编：100079

电话传真：86-10-65240430（总编室）

印刷：北京亚吉飞数码科技有限公司

成品尺寸：170mm × 240mm

字数：182 千字

印张：11.5

版别：2025 年 4 月第 1 版

印次：2025 年 4 月第 1 次印刷

ISBN：978-7-5402-6918-0

定价：73.00 元

前　言

在我所摘录的名家语录中,"课大于天""人即是课,课即是人""人创造课,课也创造人",算是给我启示最为深刻的了。这些语录犹如灵丹妙药,让我对"语文教师"的责任意识得以不断净化、不断升华。当我将这些名家的忠言付诸我的工作中实施并收获成效的时候,我由衷地感慨:作为一线教师,课堂就是我们的生命线,一切教学灵感的获得,都只有在课堂上才得以产生。

"课大于天"教会我如何做一名有责任、有担当的语文教师。2018年5月25日,我组织工作室成员到麻江县坝芒中学调研工作室学员的课堂教学情况。那天我们一共观摩了三位老师的课堂教学,教学内容分别为课文《孔乙己》《桃花源记》《紫藤萝瀑布》,三位老师的教学如出一辙,都是通过课件依次呈现教学目标、作者简介、写作背景、生字词、整体感知、文段分析、主题探究等,教师照着课件内容"讲",学生按照教师提示抄笔记。整个课堂没有学生阅读和思考或交流环节,3篇课文的学习都是一个课时搞定。课后与老师们交流,说是课件直接从网络下载,课堂阅读耽误时间所以没安排,学生的成绩主要靠结课之后的题海训练。我无法对此作出评论,只感觉一名语文教师如果不精心备课,敷衍上课,只会扼杀学生学习语文的兴趣,学生的语文素养谈何培养呢? 作为一名本地区的语文学科带头人,如果不带头改变现状,提高老师们对课堂使命的认识,又怎能对得起学校、社会以及家长的信任呢?

我深信"人创造课,课也创造人"。要改变现状,就要敢于创新,寻找语文教学的突破口,在课堂教学中切实落实学生语文素养的培养。阅读教学作为语文教学的重头戏,往往不被老师们重视,结合教情、学情、自身教学优势以及储备的文献资源,我决定从阅读教学入手。2018年暑期,我开始阅读前人的文献。首先启发我的,是深圳特级教师吴泓的"专题研究性学习",他将阅读教学分成四个阶段:第一阶段走进名著(或名人),包括泛读概述、精读原著、研读评述;第二阶段,让学生在对问题的思考和追问中,逐渐生成自己的思想后,再读原作,精进思考;第三阶段是深入研讨,引导学生定向、定题、写作、评价反思;第四阶段是举办辩论会、朗诵会、课本剧表演等。这种教学方式能让学生对某个专题材料不断积累,认识逐步加深,体验点点汇聚,思想层层积淀,分解化合,发酵蒸馏,最后凝结成一种对社会、人生独一无二的个体认识,即精神、思想层面的东西。虽然吴泓老师教学的对象是高中生,但这种专题式的学习方式充分体现出语文阅读教学的整合性、独立性、选择性。我将其与"整合教学研究""主题教学""单元教学""群文阅读"等相关文献资源对比阅读分析,发现将多篇课文进行整合教学,可以解决阅读教学的"碎片阅读"问题。由此我想,如果我将若干具有共性的课文和课外篇目集合成一个个专题,使广泛、混乱、零散的阅读教学内容集中,让学生在限定的时间和阅读空间中学习,是不是能增加学生的阅读量、提高学生阅读速度,更有利于学生系统深入地掌握某类知识,改变零散知识容易遗忘的状况呢?而且专题集中阅读的方式可以通过结构化、探究性的阅读过程,让学生从浅表性阅读中走出来,逐渐地挖掘自己的认知深度,慢慢形成高阶思维能力。

这一想法的产生使我异常兴奋。于是我站在巨人的肩膀上,将文献中我所需要的信息整合成一个有关"专题化阅读"的知识体系,在此基础上开启了一场从教知识转向教素养的教学改革之路。历经4年的反复探索、实践,专题化阅读教学逐渐成形,并收获一批科研成果。本书主要从教学策略和教学设计两个方面,将在科研和教学实践中生成的成果进行编辑,在理论上探讨了专题化阅读教学的内涵、特征以及价值,对有关的理论基础进行了分析。在实践上探讨了专题化阅读教学的关键要素,还对多文本的整合方式、专题化阅读教学的基本课型以及课堂教学的实施策略等进行了梳理、分析。教学设计从艺术手法、语言特征、人文主题等视角呈现,体现出专题化阅读教学设计的多样性和灵活性,为教师的教学提供了具体可操的范本。

本书在创作过程中,得到了黔东南州教科所龙光华老师的指导,凯里学院附中的李进祥老师、凯里二中的杨礼泽老师和朱法甫老师也给予了宝贵的建议。麻江县教科局的彭德华老师、彭宏梅老师以及麻江县第二中学校长杨秀兴老师常常以"做一名专家型的教师"来鼓励和提醒我。同时,我的名师工作室全体成员参与研究实践,做了大量工作。特此向以上教师表示诚挚的感谢!

宋聚敏

2022 年 12 月 31 日

目 录

第一章

专题化理论概述

第一节　专题化阅读教学

　　《义务教育语文新课程标准》（2022版）（以下简称"新课标"）提出语文课程要立足核心素养发展，充分发挥语文课程的育人功能；建议以语文实践活动为主线，以学习主题为引领，以学习任务为载体，整合学习内容、情境、方法和资源等要素，设计语文学习任务群；突出课程内容的时代性和典范性，加强课程内容的整合；要增强课程实施的情境性和实践性，创设丰富多样的学习情境，设计富有挑战性的学习任务，促进学生自主、合作、探究学习，促进学习方式的变革。关于阅读教学，"新课标"强调要关注个体差异和不同的学习需求，鼓励自主阅读、自由表达；倡导少做题、多读书、好读书、读整本的书；注重阅读引导，培养读书兴趣，提高读书品位，拓展语文学习空间，提高语文学习能力。

　　"新课标"确立了新的"树人"目标体系，新目标决定新的内容组织，需要新的学习方式的变革来实现育人。就初中语文课程而言，人们对于教育教学质量的高要求从未懈怠。近年来，针对初中语文教学中的"碎片阅读""浅阅读"的热议问题，应运而生的"大单元""大概念""任务群""跨学科统整""群文阅读""整本书"等成了具有针对性的解决方。

　　专题化教学是为解决初中语文阅读教学的"碎片阅读""浅阅读"问题而探究的一种创新型阅读教学方式。简单来说，"专题"就是若干有共性的资源的集合体。针对阅读教学，我们将相关联的某些教学对象进行收集整理、归类整合、规划构建，形成若干有机联系而又相对独立的集合体，即阅读教学专题。这个对象是开展专题教学的切入点，它可以是语文要素，可以是人文主题，还可以是具体的某个人物或者某个事物等。专题化阅读教学是在教师的引导下，以某个"专题"为教学内容，在师生共建下，充分发挥学生的主体作用，教师进行精炼指导，学生开展自主分析探究，最终形成学生自己的独特观点，实现专题学习目标的语文教学活动。专题化阅读教学与新课标提倡的大单元整体教学概念相近,都是以整合的一系列同质材料为教学对象,围绕一个焦点进行深入的探究学习。

在新课程理念的指导下,专题化阅读教学还结合了知识整合教学理论、建构主义理论、人本主义理论等来开展教学活动。

美国著名专家马西娅·C·林教授提出的知识整合教学理论的核心目标,是帮助学习者形成连贯性的理解。知识整合教学理论认为,与主要聚焦于新想法相比,尊重学习者的已有想法并将新旧想法进行对比,学习者能够取得更大的成功。知识整合教学正是通过诱出想法、添加想法、分辨想法、反思和整理想法等环节将学习者碎片化的知识转化为连贯性想法的过程。

建构主义理论强调学习者的主动性,认为知识不是通过教师传授得到,而是学习者基于原有的知识经验生成意义、建构理解的过程,学习者在一定的情境下,借助其他人(包括教师和学习伙伴)的帮助,利用必要的学习资源,通过意义建构的方式而获得。建构主义学习理论认为"情境""协作""会话"和"意义建构"是学习环境中的四大要素或四大属性。学习的质量是学习者建构意义能力的函数,而不是学习者重现教师思维过程能力的函数。换句话说,获得知识的多少取决于学习者根据自身经验去建构有关知识的意义的能力,而不取决于学习者记忆和背诵教师讲授内容的能力。

第二节　专题化阅读教学的特点

语文教学是最具开放性和创造力的基础人文学科,语文教学为适应新时代对人才素质的要求,必须改变以往封闭的教学手段,打破教材的束缚,构建适应育人需求的教学模式。

专题化阅读教学在遵从统编初中语文教材原始编排的基础上,尝试打破传统的按照教材编排逐一按顺序授课的方式,突破单篇阅读教学的局限,根据课标基本要求,立足于教材和学科教学要点,针对学生的阅读认知,围绕教学目标对教学内容进行整合、提炼、概括和丰富,形成既有勾联又相对独立的阅读教学专题。根据教师制定的专题阅读教学方案,引导学生聚焦专题,深入学习。阅读专题的构建,加大了课堂阅读知识的容量,专题化教学生成的学习模式不再是单一的知识点或能力点的学习,而是教学的切入点,是语文能力的整合点,是语文素养的提升点。

"整合""探究"是专题化阅读教学最基本的特征。专题化阅读教学根据系统性整合教材,提炼相对合适的专题焦点,发掘教材文本的人文主题与各种语文要素之间的有机联系,把诸多元素统一起来,合成模块进行教学。课堂的容量大大增加,教材的示范作用、工具性特点更加突出。专题化的教学模式为学生创设丰富多样的学习情境,让学生在专题主线的引领下,围绕专题学习任务开展探究学习。学生在专题化学习模式中一改以往完全依赖老师讲授的状态,充分发挥学习的自主性,在一系列的学习活动中自主探究,自主发现问题、提出问题、分析问题、解决问题。

专题化阅读教学的整体性、系统性、综合性特点,有效避免了碎片化教学"只见树木,不见森林"的弊端。学生能够在一个相对较长的时间内系统地阅读不同焦点的学习材料,形成自己的理解与思考。

开展专题化课堂教学,是在语文课程目标和学科核心素养基础上,整合学习情境、学习内容、学习方法等,引导学生在运用语言的过程中提升语文学科核心素养。让学生学会在同一专题内获得方法,学会阅读,学会表达,提高阅读速度,增加阅读量,提高阅读兴趣;系统深入学习巩固语文知识,强化语言训练,读写双促,最终实现学生语文素养的提高。

第三节　专题化阅读教学的价值意义

"碎片化阅读""浅阅读"是目前普遍存在的阅读教学问题。多数语文教师的阅读教学仅限于教材文本,逐章逐段逐句地精析碎讲,学生被牵着鼻子跟着老师的讲解思路,接受老师对文本的阅读体验,死板地记忆老师的思维成果。即使学会了这一篇,遇到另一篇却无从理解。久而久之,学生逐渐养成接受式学习的习惯和思维定式,很难有自主性和创造性的发展,学生的阅读兴趣逐渐消退,阅读量小、阅读速度慢等问题都无从解决,更不要说阅读、分析及思维能力的发展了。

根据"专题"本身的勾联作用,专题化阅读教学能让广泛、混乱、零散的阅读教学内容集中,便于学生系统深入地掌握专题知识,改变零散知识容易遗忘的现状。对专题文本进行系统阅读,选点分析,能收到较好的"懂一悟全"的效果。

专题阅读教学以其丰富的阅读材料和实践活动激发学生的阅读兴趣,大幅度增加学生阅读量,在学习单元时间内提高学生阅读速度。学生在聚焦的学习对象中学会阅读、学会表达,掌握牢固语文知识,实现"听说读写"一体化,自主学习能力、合作学习能力、探究学习能力也得到提高。

一、阅读兴趣提高,阅读习惯养成

专题阅读文本的选择灵活自由,阅读目标精简且学生对作品的阅读感悟不受限制,专题阅读课型具有多样性且循序渐进,再加上开放的阅读环境、每周自由读书课的安排、多元的评价方式等,都激发了学生的阅读兴趣。实验前学生不愿读书、被动读书,现在却主动寻找书来读,并且还向同学推荐好书。兴趣的驱动让学生养成了每天必读的习惯。

二、阅读速度加快,阅读量增加

学生在规定的时间内要完成对专题多篇文本的阅读,并且完成相应的目标任务,这在阅读速度上对学生提出了高要求。小组的捆绑制让学生的荣辱感增强,其自主意识中希望提高阅读速度,这是加快速度的重要内因。学生在学习了专题文章之后,还有时间阅读同一"焦点"的课外经典美文,这就扩充了阅读量。以前学生每分钟默读的字数还不到200字,经测试,现在平均能超过600字。以前学生每个学期仅完成教材要求的两本名著的阅读,现在每个学期阅读的书籍超过10本。

三、阅读能力提高，语文要素掌握牢固

学生通过多篇文本学习，系统掌握语文知识，强化语言训练，领会表达方法，并逐渐转化为自己的学习能力，实现文本内容理解与表达方法的有机融合。以专题阅读为途径，摸索出阅读方法，掌握不同文章的不同策略，让学生学以致用，对语文及其他学科的学习产生积极影响，提高学生的阅读水平。以前学生读到初三还分不清五种基本"表达方式"，不能因文本理解"托物言志"等表现手法，现在面对一篇文本的内容、表现手法、语言风格等，都能侃侃而谈。

四、自信心增强，品格、修养、情趣大有改观

多元的专题阅读课型和开放式教学策略，可以实现学生学习的主体性。学生对作品的解读得到老师、同学的认可，自主、合作、探究学习方式的实施运用，让学生敢于表达、讨论、展示，学生自信心得到增强。强大的自信激发了学生对高雅情趣、崇高品格的渴望，他们闲谈交流的内容渐渐由游戏转向作品。受文化的熏陶，他们将在作品中获得的积极元素转化为日常行为规则并践行，行为品质发生变化，逐渐向有内涵、有修养的标准靠拢。

第二章

专题化阅读教学策略

第一节 专题阅读文本的选择与整合方法

一、以教学切入点为主线进行文本组合

阅读专题是一组具有某方面联系的文本的集合,专题内文本集中,知识点集中,目标精简。它的功能在于将阅读内容以"文件包"的形式通过阅读储存到学生的脑海中,实现在阅读中学生知识系统的形成、阅读能力的提升。

其选择与整合的思路是将教材中零散的语文知识集中起来,如将统编教材中运用到"拟人"修辞手法的典型文章集中到一个专题中,以"拟人手法的运用"为专题焦点即教学切入点,随文学习,避免学生死板记忆概念定义,与阅读写作教学结合,这符合统编语文教材的编写思路。在专题学习中,师生围绕焦点,通过多种形式展开阅读感知、阅读理解、阅读比较、整合归纳、阅读表达等活动,既帮助学生学习知识,又培养学生能力。

专题阅读文本的选择与整合分两步,第一步先选定专题阅读文本的组织线索,以此为专题焦点,进行文本组元;第二步是多角度选择文本组合成专题。具体方法如下。

(一)选定专题阅读文本的组织线索

专题阅读文本的组织线索是专题的焦点,是专题选文的依据和关键之处,也是专题的主要学习内容。通过焦点,专题文本内容之间相互发生整体联系,便于学生系统地阅读,深刻地理解。往往教材中的文章都不是单一的,它与其他文章有着千丝万缕的联系,我们理解一篇课文往往是以理解其他文章作为基础条件的,所以把相关的文章找出来一起阅读,就能收到较好的教育教学效果。通过专题学习,学生学的内容丰富,知识面广,能够提高比较阅读、综合信息等语文能力。

1. 确定文本性质

中小学课程标准提出,要注重学习语言知识,进行语言训练。真正的语文功夫在于文字功夫,在于语言功夫,学生对于文本的理解感悟建立在掌握语言知识的基础之上。基于此,目前本课题研究的专题阅读文本更多从语用的角度出发,把其定位为语用型文本,侧重于语言训练,学习目标直接指向对文本某一语言特点的阅读理解和运用。同时,在专题阅读过程中,师生围绕焦点,通过多种形式展开阅读感知、阅读理解、阅读比较、整合归纳、阅读表达等活动,提高学生语文素养。

2. 选定专题教学切入点

从文本语用角度,结合课标与教材要求,我们确定标点、修辞、词语、写作手法、表达方式,以及方法、策略、技能取向、思维方法取向等专题阅读的教学切入点。同时,我们也从人文元素角度,选定了一些人文主题专题教学切入点。如:以小见大——散文中的表现手法;典型事例——用事例来刻画人物形象;叹号——标点叹号的魅力;反语——反语突出真感情;反问——反问连用达到高潮;比喻——巧用比喻显效果;多角度手法——景物的多角度描写;人物描写——巧析鲁迅作品中的"看客"形象;环境描写——环境描写大作用;托物言志——托物言志;巧寄情思、议论——散文中的议论作用;动词——小小动词显张力;副词——小小副词意蕴深;对比——对比更显不平凡;排比——小排比大气势;拟人——善用拟人更鲜活;物象——现代诗巧用物象彰显爱国情;论证思路——如何分析文章论证思路;典型事件话动物——人与动物;思乡——思乡之情话诗魂等。

(二)多角度选择专题阅读文本

多篇文本按确定的焦点整合在一起,最终形成阅读专题。每一个阅读专题在选文上具有多样性。但最终都是以围绕学习专题焦点为标准。

1. 专题文本的实用性

专题阅读文本是学生学习某一知识点即焦点的工具,文本的作用在于可以让学生学习了"这一篇",懂得"那一篇"。可以通过对专题中一篇或几篇文本的阅读懂得整个专题的文本,最后运用到其他更多的文本中。所以选文均遵循实用性原则,当然在实用性等值的条件下,经典性的文本是首要选择,如《背影》是经典篇目,其中"望父买橘"部分运用到许多动词,表达效果丰富,在选择焦点"动词作用"专题文本时,与其他文本相比,视为首选。

2. 专题文本的比较性

专题中的每一个文本都能代表不同的角度层面,与其他文本形成差别化的互文关系。在同一焦点下进行多文本对照阅读,分析其相同点和不同点,从中增长知识,发现特征及规律,有利于全面掌握所学知识。如:在"散文中的议论"阅读专题中,我们就要考虑到议论句在散文中不同位置的作用,选择文本时分别选入议论句在文章结尾的篇目《走一步,再走一步》,在文章开头的篇目《藤野先生》,在文章中间的篇目《说和做》。

3. 专题文本的开放性

组建阅读专题时,我们重点思考的是专题阅读的达成目标,文本的体裁、时代、国籍对其影响不大,而且,选入不同类型的文本,还能加大学生阅读的自由度,让学生在同一专题下进行阅读时,能从比较中有新的发现,收获到不同的体验。如:专题"环境描写"在选文时就选入了《社戏》《最后一课》《变色龙》《孤独之旅》《故乡》等不同国籍、不同时代的作品。

二、以 1 带 N 的群文整合

"1"是典范文本,即教学切入点,较突出且丰富的文本。"N"是指具有"1"这一典范文本的任一属性的多篇同质文本。从定义来看,专题化阅读教学是以任务为驱动,强调学生主动探寻,加强思维训练,专题化阅读教学是学习任务群的贯彻方式。

(一)确立专题阅读的典范文本

"1"是专题化阅读的教学核心,确立阅读专题的典范文本,是开展高质量专题化阅读教学的关键。在这一过程中,应明确典范文本的来源、选择种类两个问题。

从阅读教学专题典范文本产生的来源来说,在专题化阅读教学模式下,应紧紧围绕"教学是一种双边活动"的内涵,结合学生的需求、教学的需求,精心选择典范文本的教学焦点。一方面,从学生的学习需求来说,必须要紧紧结合学生的认知需求、思想道德需求、生活实际需求等,结合阅读专题的多个文本,努力寻求一个能完成专题教学目标的切入点;另一方面,应结合具体的阅读教学需求,因为切入点是专题化阅读教学的核心,与教学目标息息相关,是阅读教学开展的出发点,也是最终的落脚点。

以朱德的《我的母亲》为典范文本,明确教学切入点为"母亲是老师",与胡适的《我的母亲》、高军的《母亲、母亲》、莫言的《母亲》3篇文章在"母亲"这一大专题中进行二次整合。教学时,以范本为精讲篇目,与另3篇文章展开对比阅读,进而更好地理解专题中母亲对"我"的训练工作。从专题阅读范本的种类上来说,教师在选择的过程中,可在语文核心素养的树人目标下,围绕基础知识类、言语实践类、阅读策略类、思维发展类、情意品质类等来进行选择。

(二)选择、构建多文本

1.选择专题阅读文本

一方面,在选择专题阅读文本时,必须要围绕具体的教学目标进行选择。例如,在"人物描写"的专题学习中,可紧紧围绕"人物描写"这一焦点,以《背影》为范本,组合《我的老师》《藤野先生》《老王》等为散文人物描写小专题;以《孔乙己》为范本,组合《我的叔叔于勒》《范进中举》《故乡》等为小说人物描写小专题。在有关"标点符号妙用"的教学任务下,可以明确标点符号表达效果比较丰富的《故乡》(如:"这好极!他,——怎样?……""阿!闰土哥,——你来了?……")作为范本,组合《昆明的雨》(如:"它也能吃?!""这东西这么好吃?!")、《我的叔叔于勒》(如:"唉!如果于勒竟在这只船上,那会叫人多么惊喜呀!""啊!啊!原来如此……如此……我早就看出来了!……谢谢您,船长。")、《我的爸爸妈妈》(如:凄风。苦雨。天昏。地暗。)等,以供学生在同一专题中更深入地开展学习。另一方面,在选择专题阅读文本的过程中,必须要结合初中阶段学生的实际情况进行选择,确保选择的专题阅读文本与初中学生的认知能力、兴趣爱好相适应。

2. 多文本构建

专题化阅读教学模式,并不是将选择的多文本进行随意搭配,而是结合阅读专题的目标、教学焦点等,遵循一定的原则,对阅读文本进行科学、合理的建构,使得文本之间形成极强的"结构化",专题与专题之间有递进性。具体来说,在对阅读专题文本进行构建的过程中,必须要对文本之间的序列性给予关注,结合文本之间的内在逻辑、顺序等,对其进行有机排列。例如,在"比拟手法"的群文阅读中,选择《春》《济南的冬天》《紫藤萝瀑布》《一颗小桃树》,教师对其文本进行整合,依据这四篇文章中的写作手法"拟人修辞"进行文字赏析教学,使学生在阅读过程中,拓展和强化对这几篇文章中知识要点的掌握。由此可见,高效的整合更加便于专题化阅读教学的展开。

(三)集体建构、达成共识

在专题化阅读教学模式下,教师应充分发挥自身的引导价值,引领学生在集体构建的过程中,最终达成阅读共识,并促使学生在专题阅读的过程中提升自身的阅读能力,落实培养语文核心素养的教学目标。

首先,创设专题化阅读情境。学习最好的刺激就是兴趣,在专题化阅读教学模式下,教师应关注学生的阅读兴趣培养。为了实现这一目标,应结合阅读专题内容,结合学生的实际情况,精心设计专题化阅读情境。例如,在"父爱"阅读专题教学中,教师在开展阅读教学导入的时候,可以筷子兄弟演唱的《父亲》、教育短片《父亲》作为导入,引领学生沉浸在父爱的感动中,进而积极主动地参与到专题的阅读学习中。

其次,进行合理的指导。专题化阅读教学模式彻底突破了传统阅读教学模式的限制,但是由于一次性呈现的阅读文本数量比较多,而初中学生阅读能力有限,因此常常出现不适应的状况。面对这一问题,必须要充分发挥教师的引导价值,引导学生在借助正确的阅读方法上展开阅读。例如,在"寻找线索"专题阅读教学中,针对《背影》《阿长与〈山海经〉》《散步》《昆明的雨》四篇阅读文本,引领学生将《背影》作为阅读范本,借助精读的模式展开阅读,并分析文章的线索。而将其他3篇文章作为自读文本,指导学生借助略读的方法,总结出文章的线索。

最后,积极转变教师的角色。在专题化阅读教学模式下,教师在引领学生完成知识建构的过程中,应转变传统的角色,扮演更好的课堂引导者、把控者身份,努力给学生营造一个开放性的阅读课堂,促使学生在开放性的阅读环境中,积极参与到课堂讨论中,促使其在讨论的过程中,完成多文本的阅读,并在阅读和讨论的过程中,达成共识。

在新课程理念下,专题化阅读教学作为一种全新的阅读教学模式,彻底突破了传统单篇阅读教学模式下存在的不足。要想真正意义上落实专题化阅读教学的教学目标,提高学生的阅读能力,教师在教学过程中的兴趣引导不可或缺,这需要教育工作者善于利用更加有效的教学方法来促进学生学习,从而让学生的综合素质得到有效提高。

三、文本整合的有效途径

专题化阅读教学是整体教学与分块教学有机结合的阅读教学形式。运用专题式阅读教学,可以通过"整体把握、主题整合"的形式,把每个专题看成一个有机的整体,在同一个焦点的基础上,采用"主题式单元整合,名家名篇专题归类,课文阅读和写作、口语交际、综合性学习整合,课内阅读和课外阅读有机整合,阅读和多媒体技术有效结合"的整合途径,让语文教学紧紧地统一在整体把握的目标中,实现语文教学知识的整体性、系统性。

(一)以作品主题为焦点整合文本

主题单元整合阅读教学改变"教教材"为"用教材教",聚焦单元主题,对教材进行"二次开发",可以达到全部资源最优化利用的效果;是把一个单元作为一个系统,以单元主题为魂,秉持"以篇为范例,授之以渔"的原则,实施"以点带面"、整体推进式的专题整合教学,通过对不同文体、同一主题文章的学习,可以归纳出一般学习方法的教学模式。

如七年级下册第二单元教材的原始单元课文《黄河颂》《最后一课》《艰难的国运与雄健的国民》《土地的誓言》和《木兰诗》在年代、国籍等方面各不相同,表达也不尽相同,却表现了相同的情感和主题——爱国。第五单元由传记《伟大的悲剧》、小说《在沙漠中心》、通讯《登上地球之巅》、演讲词《真正的英雄》、文言文"短文两篇"组成,五篇体裁各异的选文均与探险路上的英雄有关。前四篇课文虽然篇幅较长,却叙述简单,浅显易懂。文本整合后,重点内容更加突出,所以在教学安排上可以延长专题的教学时间,强化重点课文的知识掌握,也可以根据需要灵活地增加课时。这样的安排,更有利于学生将课内阅读与课外阅读有机结合,拓宽阅读面,加深阅读理解。而对于不太重要的文本,则可以大幅度减少所用课时。节余的时间可进行课外的阅读拓展。

(二)名家名篇归类整合

按作者或内容进行文本整合,例如:朱自清作品专题《背影》《春》等;陶渊明诗文专题《桃花源记》《归园田居》《饮酒》《五柳先生传》等;鲁迅作品专题《从百草园到三味书屋》《阿长与〈山海经〉》《藤野先生》《故乡》《孔乙己》等;写景专题朱自清的《春》和老舍的《济南的冬天》等;岳阳楼诗文专题《岳阳楼记》《登岳阳楼》以及其他对联诗文等。这样的整合学习更有利于学生知识学习的系统化、学习内容的相互补充,也更有利于学生对知识的理解和记忆。

(三)课文阅读和写作、口语交际、综合性学习内容的整合

语文书上的阅读课文,大多出自名家之手,可以称得上篇篇是美文,我们大多教师也把它们当作教学的重中之重,精讲细品,不少教师认为阅读课上完了,自己的教学任务也就完成了,而对于每个单元后的作文,很多时候都采用教师讲一下、学生练一下、教师批一下的模式,造成大多数学生写得差不多,不少学生的初中作文比小学作文没多么大进步的情况。学生不想写,不愿写,教师批改也大多应付学校检查。长此下去,作文教学越来越不被重视。其实,每个单元后的作文与课文有着密切的关联,如能把作文教学融入阅读教学中去,就会起到意想不到的效果。在日常教学中,我们会发现不少文章具有相似之处,有的是选材,有的是立意,有的是情感,有的是场景等。这时,如果我们能把这些材料进行归类整合,让学生用心地去欣赏品味,然后去具体仿写一段,会对学生写作水平的提高起到事半功倍的效果。

同理,各类课文教学单线进行,阅读、写作、口语交际、综合性学习教学互为孤立,是造成学生口语交际能力差的主要原因。根据新课程理念,应清楚认识阅读与口语交际的内在联系,将阅读与口语交际整合教学,强调在情境中进行说话、对话练习,与阅读教学同步进行。资源丰富,灵活多样,训练效率高,促进了学生思维和口语、书面语的发展,实现了学生语文素养的整体提高。

（四）课内阅读和课外阅读的有机整合

课内阅读是培养学生能力的主要途径,但只注重课堂阅读教学是远远不够的。学生语文知识的积累,语文能力的提高,更多的来源于丰富的课外阅读。课外阅读既能让学生借助丰富的人类文化来充实他们的头脑,开阔他们的视野,陶冶他们的情操,从而提高整体的语文素养,又可为学生的终身学习奠定坚实的基础。因此按新课标的要求,针对各册教材,把每个单元的课内阅读与课外阅读结合起来,可真正做到课内阅读向课外阅读延伸,达到阅读目的。

（五）阅读和多媒体技术的有效整合

随着科学技术的不断发展,多媒体技术越来越多地被引入课堂教学。运用多媒体技术辅助语文阅读教学,可以创设优良的情景,开阔学生的视野,使抽象的难以理解的知识具体化、实物化,变成直观、生动活泼的视觉信息,配上文字与声音,图、文、声、画并茂,全方位调动学生的视觉、听觉、触觉,使学生的认知渠道多元化。课堂教学生动、形象、直观、感染力强,对于中学语文教学的改革具有积极的推动作用,利用多媒体技术可以使学生大大增加听和看的机会;文字、图像、声音的巧妙结合,可以大大增加课堂信息量,实现课内外的沟通,全面提高课堂教学效率,提高学生的整体素质。

多角度地整合教学资源,可以转变教学观念,提高课堂效率,打造特色阅读教学课堂,促进学生的海量阅读,培养学生的自主学习能力、合作学习能力、探究学习能力,全面提高学生的语文素养。

第二节　专题化阅读教学基本课型和流程

一、课型及流程解读

专题阅读教学没有固定的模式,甚至打破了传统的班级授课制。尽管学生仍然以班级为单位开展学习活动,但是学生接收信息的渠道增加,在原有教师、教材、课堂的基础上,有了以课程资源的开发利用为中心的学习途径。"指引导读→批注自读→互助深读→专题写作→展示汇报"是本课题研究的专题阅读开放式教学的基本课型及流程,具体如下。

（一）指引导读

指引导读是专题阅读的第一阶段,安排在每周阅读课或课余时间。由老师确定专题学习内容,学生通过阅读课或每天的读书时间,对专题内所有课文进行阅读,阅读能力强的学生继续阅读教师推荐的专题相关篇目。这一阶段要求学生略读作者及作品介绍,通读专题作品,熟悉作品所写内容,并尝试讲述给同学听。这部分的设计相当于传统语文课的课前导入,但是与课前导入不同的是,我们传统的语文课主要是单篇课文,教师为了赶教学时间,每一篇课文、每一节课的导读时间很有限,学生对某个学习内容只是被刺激了一下,而没有学习相关文章的长远打算。一个高明的语文老师,往往是把课堂作为引子,引导学生阅读更多的相关著作,让学生在大脑中快速形成系统知识链。

学生在教师的引导下进行阅读,不至于偏离轨道,容易达成目标。同一专题的阅读,便于学生整体把握,避免大脑知识的零碎化。而自由开放的阅读时间、阅读空间又能让学生自主调节学习进度,让学生各得其所。

（二）批注自读

批注自读是专题阅读教学的第二阶段,专题阅读完成导读即初读后,学生开始在目标的指引和教师的指导下对专题内容进行个性化的批注阅读。学生结合自己的生活经验、情感体验、知识储备,积极地与文本展开对话,从各个层面对文本进行感受、理解、欣赏、评价,并运用批注这一方式把自己对文章的独特感受表达出来。这是一个充分体现阅读主体开放的设计,学生在相对自由的时间里,从不同角度读出自己对作品的理解,把不理解或难以理解的,甚至是与作者有不同见解的看法在旁做好标记,表明自己的观点。在批注阅读的学习中,学生面对的是有相同元素的同类专题,围绕的是同一目标,他们对一篇文章,对于一个人,对于一个知识点的理解不是一个点,而是一个个面,甚至是一个立体。

批注阅读的设计,让阅读教学不再枯燥,让学生不再被动,让课堂不再沉闷,学生独立思考、敢于质疑、有独到见解的能力和品质得到培养,思维的高度、深度和广度得到提高。学生对阅读目标主动达成的效果不但满足"阅读应试"的现实需求,更着眼于学生的未来发展。

（三）互助深读

互助深读是专题学习的第三阶段,是重点集中教学环节,主要通过教师的精讲和小组的交流互助来完成。在深读环节,教师从阅读专题中选择几篇典型的文本,围绕专题目标精讲精教,重在教给学生阅读理解的方法。学生运用学到的方法再次阅读专题其他文本,在课堂上把自己的感悟和疑问拿出来在同学小组间交流讨论,交换观点及感悟,教师根据观察情况适时点拨。在系统的专题学习中,学生能更深入地理解作品的内容,并通过多篇文学作品的比较分析阅读,加深对某个知识点的理解。语文是一个综合性很强的学科,语文课堂只能探讨一部作品的某方面,师生教学一遍不可能穷尽所有的内容,表面看起来差别很大的课文,实际上教学内容差不多。任何一个单篇课文,都是在一个系统中产生的,学生掌握了这个系统,就有助于他们站在全局去理解和思考问题,这样就能在容纳后全面深刻地认识问题,以后的学习也会触类旁通。

（四）专题写作

专题写作是专题阅读教学的第四阶段，根据需求可以与第五阶段"展示汇报"交换程序。专题写作以让学生内化学习内容、达成读写一体化为目标进行设计。学生在充分理解专题内容，思想受到深读冲击的情况下，以专题阅读"焦点"为话题，自拟题目，写下感受。提高学生的思维素养是阅读教学的重要目标之一，写作是帮助学生强化思维能力训练的重要途径。学生对阅读的材料有所感悟后，自己拟题进行写作，比随便写点东西对学生成长更有利。学生通过系统的专题阅读，学会了写作技巧，理解了作品的主题，领悟了人物的思想品质，学生心中的情怀就会被激发起来。这样作文就不是无缘发感，而是将内容和情感诉诸笔端。阅读和写作互相促进，良性循环对语文学习非常有利。

互相评阅作文是我们主要采用的修改形式。学生自由选择所要批改的作文，或出现同一篇作文多人评阅，也有作文无人评阅的现象。无人评阅的作文多是因为字迹潦草或水平太差，得不到同学的认可。自由选择会促使马虎的学生树立责任感，写作水平较低的同学在自尊心的驱使下也会想办法提高写作水平。被评阅的作文，无论写了什么，对于作者来讲都是一种鼓励，因为有人在关注他的文章。学生在互相批改中自己慢慢领悟到的写作方法和技巧，比单纯由老师传授所获得的写作方法要好很多。

（五）展示汇报

展示汇报是专题阅读教学的第五阶段，是总结拓展环节。学生个人或小组，回顾总结专题阅读内容，进行展示汇报。课堂展示的形式是多样化且开放式的，既有在小组内的展示，又有全班性的展示；展示的内容是多层次的，既有基础知识的展示，又有阅读理解的展示；展示的方式是多元化的，既有说话、朗读展示，又有表演、书写展示；展示的对象是兼顾学生差异的，既有优等生的展示，又有学困生的展示。展示的学生在老师和全班同学的注视下表达思想，培养了学生在大众场合发表意见的胆量和勇气，自信心得到增强；合乎语言逻辑规范的表达，培养了学生语言的运用和表达能力；展示过程中的比较交流，让学生接触到更多的理解思路、答题技巧,便于更好地理解和掌握,思维也会更开阔;在展示中,学生的思维方向和成果得到教师的肯定、修正和提升,也使学生的思维品质得到提高。

专题阅读教学打破了单篇阅读的局限,引导学生学会以课内为点,以课外为面,走出现行教材,突破一学期一本语文"教科书"的藩篱,让学生学会在同一专题内梳理理解的方法,学会阅读、学会表达,并且以读促写、以写促读,实现"听说读写"一体化。每一个环节都基于"开放式教学"的设计,体现出阅读内容的开放、阅读形式的开放、阅读环境的开放和阅读主体的开放。

二、专题化课型教学设计思路

(一)例谈专题阅读课程资源的构建

往往教材中的文章都不是单一的,它与其他文章有着千丝万缕的联系,我们理解一篇课文多是以理解其他文章作为基础条件的,所以把相关的文章找出来一起系统地进行阅读,选点分析,就能收到较好的"懂一悟全"的教育教学效果。例如,学会分析人物形象和深刻感悟亲情是初中学生必须完成的学习目标之一,所以,在整合以"人"为专题的资源构建中,把具有共性的"父亲"专题又分成了若干专题课程资源,"中国式父亲"是其中的一个专题。

"中国式父亲"包含的篇目有《散步》《台阶》《背影》《愚公移山》《傅雷家书》《故乡》《孤独之旅》《伤仲永》《爸爸的花儿落了》《我的第一本书》《竹影》以及推荐篇目《柳毅传》《药》《宝玉挨打》,拟在七年级下学期教学。本专题所选篇目都具有"中国式父亲"或尊老爱幼,或贫困悲苦,或慈爱宽厚、或坚韧顽强等典型特点;在塑造父亲形象的表现手法上既各有千秋又有诸多相似之处。

(二)例谈专题阅读教学目标的设计

学习专题课"中国式父亲",要求把不同作品中的父亲形象进行对比阅读,综合整理作品在塑造父亲形象过程中运用的"运用细节描写""选用典型事例""抓住人物的特点"等表现手法,理解不同的父亲形象,感受相同的父爱旋律。

教学目标是教学活动的出发点和归宿,是课堂教学的灵魂。专题阅读课教学目标的设定,是以专题整合标准为依据的。专题阅读课程资源中,每一个专题都有相应的整合标准,这些标准就是专题阅读课的学习目标设定依据。如"想象作品"专题是以都运用了"想象"这一表现手法的作品整合的,教学目标就以"找出并反复朗读运用了想象这一表现手法的文段,掌握其表达的作用"为重点学习目标。对于"中国式父亲"专题来说,首先这是涉及"人"的一个专题,在设定目标的时候,要考虑到塑造一个人物形象一般采用的表现手法;另外,"父亲"是一个传递着亲情、责任、坚韧、严厉等元素的词汇,设定目标时也要把对它们的理解作为目标的设定依据。这样以专题阅读内容来设定教学目标,既便于学生快速理解把握学习任务,又能在大脑中形成系统的知识链,不易忘记。

(三)例谈专题阅读课的开放式教学方法

专题课"中国式父亲"可综合采用自主朗读法、批注阅读法、合作探究法、点拨法、展示法等,学习专题内容。

初中学生虽具备一定的阅读能力,但阅读水平有待提高,自主朗读和批注阅读法,是根据学生学情设计的教学方法,学生可以在不受完全限制的情况下根据自己的阅读速度、知识储备、资料储备、时间空间等开展阅读学习;合作探究法的设计是让学生在交流中交换思想、取长补短、深化理解、学会沟通;"点拨法"体现出教师的引导作用,需要在关键的时候给予学生启发、指导,避免学生走弯路;展示法是专题阅读中的一种重要教学方法,通过展示汇报强化学生所学的知识,锻炼学生的表达能力,并让老师掌握学生学习的情况。以上教学法均以学生的学习活动为中心进行设计,"专题系统阅读、自主咀嚼体悟、合作交流探究"以及"开放阅读内容、开放阅读形式、开放阅读环境和开放阅读主体"是专题阅读课的指导思想。我们秉承"用教材教而不是教教材""学生是学习的主人"的教学理念,在教与学的双边活动中,真正实现教师的主导作用和学生的学习主体地位。

（四）例谈专题课教学设计思路及教学策略

专题课"中国式父亲"的教学思路设计为"导读父亲—批读父亲—深读父亲—颂写父亲—展读父亲"五个阶段。本专题预设集中教学时间为 6 课时，自由阅读时间为两周。

"中国式父亲"的教学思路是根据专题阅读课的教学流程"指引导读—批注自读—互助深读—专题写作—展示汇报"来进行设计的。学生先在教师引导下感知阅读专题作品，然后进行个性化自主批注阅读，在此基础上与同学交流讨论，深入理解作品，再读写结合进行写作，最后汇报学习成果。各个环节丝丝相扣，循序渐进，符合学生的认知特点。

"导读父亲"为专题阅读的初读阶段，学生先学习专题目标，然后阅读专题课程资源，根据能力阅读教师推荐的作品。这一阶段以课外阅读和课内汇报相结合，课外阅读安排在每周阅读课或课余时间，学生自主阅读，目标为略读作者及作品介绍，通读专题作品，能概述作品所写内容，并尝试讲述给同学听；集中学习一课时，以小组形式汇报初读成果，主要介绍作者作品及文章内容。这部分的设计相当于传统语文课的课前导入，但是与课前导入不同的是，我们传统的语文课主要是单篇课文，教师为了赶教学时间，每一篇课文，每一节课的导读时间很有限，学生对某个学习内容只是被刺激了一下，而没有学习相关文章的长远打算。一个高明的语文老师，往往是把课堂作为引子，引导学生阅读更多相关的著作，让学生在大脑中快速形成系统知识链。

"批读父亲"是专题课"中国式父亲"教学的第二步，即是专题阅读教学的第二阶段"批注自读"。学生自主进行批注阅读，主要阅读描写父亲语段，对运用人物表现手法的段落进行重点批注。这一环同样是课外阅读与课内指导相结合，集中学习一课时，学生在课外批注的基础上，在课堂上继续进行批注阅读，对困惑之处请同学或教师帮忙释疑。脱离了老师的"统领"，他们能把阅读的触角深入文本局部中，在字、词、句、段中注入自己的思维和情感，去感受文本的语言，使自己读有所获、所疑，深入挖掘文本的蕴蓄，从而探究文章的精华，真正地与文本对话。

"深读父亲"是专题阅读教学的第三阶段。在"中国式父亲"的"深读父亲"环节,教师挑选《散步》《台阶》《背影》《爸爸的花儿落了》四篇课文进行深度阅读,通过与学生的交流合作,整理本专题对"父亲"形象塑造所采用的表现手法,归纳专题父亲的形象特点,深入感悟"中国式父亲"的品质。本环节主要是集中学习,时间为两课时。

"颂读父亲"是第四阶段,含写作和评阅两部分。在"颂写父亲"环节,教师安排一课时时间,要求学生在课内把自己对"父亲"的深刻感悟写出来,在写作过程中至少要运用到一种专题作品中的表现手法,并通过互相批阅的形式评阅同学作品。

"展读父亲"是专题阅读"展示汇报"环节,有课堂集中展示,也有课外展示。学生对本专题成果分组,以话说"父亲"、模演"父亲"、辩论"父亲"形式展示汇报阅读成果。

专题阅读开放式学习面向的是全体学生,努力为学生构建符合自身学习特点和发展的课程资源,积极为学生提供自主学习和相互交流合作的机会,为学生提供充分展示自我的空间。专题阅读开放式学习,体现出"以生为本"的课改理念,培养了学生广泛的阅读兴趣,促进了学生的海量阅读,有效提升了学生的语文素养,进而提高了阅读的教学效率。

第三节　专题文本资源库的构建及运用方式

一、专题化阅读教学资源库的构建

语文课程标准中明确要求"语文教师应高度重视课程资源的开发与利用,创造性地开展各类活动,增强学生在各种场合学语文、用语文的意识,通过多种途径提高学生的语文素养"。新课程改革对课程资源的整合提出了要求:教师要在教材的基础上,创造性地运用文本,变"教教材"为"用教材教"。语文教师应在"大语文观"的指导下,既立足教材,又超越教材,将学科内容有效进行整合、互补,让阅读教学不再枯燥,不再生涩,用以启迪学生的智慧,激发学生的思维,让阅读教学更为灵动。

开展专题化阅读教学的前提是为师生提供阅读专题的内容,阅读专题资源库就是专题化教学的文本源头,是将一个个阅读专题按一定的规律、标准再度整合成一套阅读教学资源库,是一个辅助"教""学"的阅读资源库。一个个阅读专题在统编初中语文教材的基础上,以专题的形式重组课文,并选入相应有关联的课外文本。让学生通过一组课文的学习,学会在同一专题内获得方法,学会阅读、学会表达,提高阅读速度,增加阅读量,提高阅读兴趣;能系统深入学习巩固语文知识,强化语言训练,读写双促,最终实现学生语文素养的提高。

阅读专题资源库由不同的阅读专题组成,阅读专题由专题内各篇文本的组织线索即核心焦点构成。每个专题的标题即是本专题的组织线索,是专题化教学的切入点。专题文本以七到九年级教材中的课文为依托,进行跨课文组元,跨单元组元,跨册组元,跨课外文本组元。每个专题均由"组文意图→专题篇目→阅读目标→时间安排→课外文本推荐→专题练习设计→文本附录"七个板块组成。下面以"议论中散文的作用"为例说明专题库的构成模式。

【教学切入点】

议论中散文的作用。

【组文意图】

议论是作者对某个对象发表见解,以表明自己的观点和态度,它的作用在于使文章鲜明、深刻。散文中穿插议论的表达方式,是作者表情达意的一种方式。散文中的议论一般是作者独特的情感体验,作者因情生议,以议托情,表达自己独到的见解、看法等,并寄托着自己或愉悦欢快,或沉痛哀伤,或赞美仰慕的情思。散文中的议论句一般是记叙内容的中心,是揭示具体事物所具有的思想意义的话。掌握议论句在散文中不同位置的作用,可以帮助读者理解作品的结构思路,特别是理解作品的主题思想。一般来说,用在开头,能揭示事物所蕴含的道理和意义,起统领全文、点明中心、引出下文的作用;用在中间,起承上启下的作用,使文章条理分明,结构严谨;用在结尾,则点明意义,升华思想,起收束全文、画龙点睛的作用,有时还与开头相照应,首尾圆合。我们在赏析文本时,可以根据议论性句子所在的位置,全面体会它的作用。

本专题我们共选入十一篇散文,这些散文中均穿插了议论的表达方式,文中的议论句位置各不相同,表达效果各有千秋。

本板块是学生阅读专题阅读材料的引子,是进行专题阅读理解的助学支架,主要介绍本专题教学切入点的定义,感知教学对象的作用,帮助学生快速进入阅读情境,有利于教师掌握实施,也有利于学生自学。

【专题篇目】

1.《散步》莫怀戚   2.《济南的冬天》老舍

3.《阿长与〈山海经〉》鲁迅   4.《紫藤萝瀑布》宗璞

5.《藤野先生》鲁迅   6.《说和做》臧克家

8.《回忆我的母亲》朱德   9.《白杨礼赞》茅盾

10.《安塞腰鼓》刘成章   11.《壶口瀑布》梁衡

本板块围绕本专题教学切入点选入的文本篇目,含教材内课文和课外文本,大多倾向教材篇目,以达到与学习统编教材同步的目的。各专题篇数不同,一般根据焦点学习的难易和教材学习目标确定,但均以增加学生阅读量、提高阅读速度为出发点,尽可能选择多篇文本。

【学习目标】

1. 理解赏析专题选文中议论表达方式的表达作用。

2. 学会在散文写作中穿插议论表达方式的写法。

学习目标是教学活动的出发点和归宿,是专题阅读教学的核心。专题阅读课教学目标的设定,是以专题整合标准即焦点为依据的。专题目标围绕专题焦点学习进行设置,遵循少而精的原则。教材中的课文,篇篇都是文质兼美的经典佳作,哲理深刻,情感丰富,观点鲜明,遣词造句巧妙绝美。教学中,我们总想"面面俱到",结果却"面面不到",自己累了,学生乏了,却收不到理想效果。让学生有针对性地阅读专题文本,可以在完成目标的同时达到"一专题一得"。如"托物言志专题"是以都运用了"托物言志"这一表现手法的作品整合的,教学目标就以"找出并反复朗读运用了托物言志这一表现手法的文段,掌握其表达的作用"为重点学习目标。

【时间安排】

1. 教师导读:2课时(课内)

2. 自主批读:6课时(含课外阅读时间)

3. 互助深读:6课时(课内阅读为主)

4. 展示汇报:2课时(课内外)

5. 主题写作:1课时(课内)

时间安排是阅读本专题完成目标任务所需的课时时间,课时的多少根据专题篇目、专题课型和焦点难易安排,时间设置较为灵活开放,在形式上一般包含课堂阅读时间、课外阅读时间和写作时间。

【课外文本推荐】

教师推荐

《家》(周国平)、《包子》(张晓风)、《秋》([法]马拉美)

学生互荐

课外文本推荐是学生在完成本专题选入的文本阅读任务后,向学生推荐阅读的课外文本,含教师推荐和学生自荐或学生互荐。课外文本推荐的设置可以激发学生的阅读兴趣,为学生提供更广阔的阅读空间,增加学生的阅读量,使学生学会迁移运用。

【专题练习设计】

1. 议论句在散文中位置不同,表达效果也不同。请根据下列提示,列举出相应的课文。

A. 在文章开头,起统领全文、点明中心、引出下文的作用。如:《   》

B. 在文章中间,起承上启下的作用,使文章条理分明,结构严谨。如:《   》

C. 在文章结尾,点明意义,升华思想主题,起收束全文、画龙点睛的作用。如:《   》

2. 阅读《白杨礼赞》和《紫藤萝瀑布》,比较两篇文本在议论上的表达效果。

练习设计是专题阅读的另一助学支架,与学习目标对应。主要从知识点和能力点两方面进行设置。围绕专题焦点设题,题目设置少而精,目的是加大学生自主阅读的力度。

【文本附录】

文本附录是专题文本的内容,是学生阅读批注的载体。"教学案"专题阅读内容是以统编教材课文为依托的,所以文本在各专题重复的现象明显。但因专题组织线索不同,学习目标不同,学生所做批注有所侧重,重复现象并不显得冗杂。

依据新课标,我们要注重学习语言知识,进行语言训练。真正的语文功夫在于文字功夫,在于语言功夫,学生对于文本的理解感悟建立在掌握语言知识的基础之上。基于此,专题阅读文本更多地从语用的角度出发,把其定位为语用型文本,侧重于语言训练,学习目标直接指向对文本某一语言特点的阅读理解和运用。同时,在专题阅读过程中,师生围绕焦点,通过多种形式展开阅读感知、阅读理解、阅读比较、整合归纳、阅读表达等活动,提高学生的语文素养。

二、专题阅读教学资源库在教学活动中的运用方式

语文是一个综合性很强的学科,语文课堂只能探讨一篇作品的某方面,师生教学一遍不可能穷尽所有的内容。对于教材课文来说,它们之间都不是单一的,总有着千丝万缕的联系,表面看起来差别很大的课文,而实际上教学内容差不多。比如"比喻"这一修辞的学习从小学就开始接触,初中、高中一直都在运用。很简单的内容,往往一到两个课时就足以把它说得清清楚楚,但是我们的教学从来都是每次都讲,每篇课文凡遇到比喻,都会花几分钟时间,讲讲比喻。但学生到了高中还搞不清楚比喻的真正用法,或者只停留在比喻的判断、类型和表达效果上。这实际上是将语文处在一个简单无序的重复累赘中,学生缺乏系统深入的学习,学习效率很低。此时,我们将运用比喻这一修辞表达效果比较明显的文章组合在一起,深入阅读,细细品读,就能深刻领会其妙用。

在学习统编教材的基础上如何利用专题教学资源库,解决阅读教学短板呢?专题阅读教学资源库使用应遵循两条原则:一是与统编教材两线并行,交叉使用;二是结合学情,选择性使用。

(一)以点带面,帮助学生深入学习统编教材

学者王荣生等认为:语文教育的主要问题是语文教学内容的问题,语文教学的内容决定语文教学的方式或者说是课堂结构。专题阅读教学的优越性,主要在于专题阅读教学给学生提供了目标统一的阅读内容。

我们将统编教材中要求学生学习的语文要素设置成"焦点",每一个专题的"焦点"是学生学习的主要内容,其他内容仅仅是辅助内容,根据教学的需要在课堂上可以呈现,但呈现方式是含蓄的,呈现时机是巧妙的,其所占时间和内容的比例相对较少,总之,不能喧宾夺主,挤占了学习"焦点"的时间。在"依目标定教"的指导下,可以采用以点带面的学习方式深入学习,学生在专题中学到的不仅是语文知识、语言知识,

更是在潜移默化中形成的语文能力、情感、态度和价值观。

1. 以文本为点,学习"焦点"内容

语文的学习重在培养学生学习的能力,利用专题阅读学习形式可以培养学生自主学习、语感思维,尤其是运用知识的能力。在专题阅读中,一个专题均由多篇文本构成,专题内所有文本的阅读任务同时指向同一目标。

教师可以在专题中选择二到三个文本,作为学习的点,精读精教,让学生全面把握本专题阅读理解的方法。其他的文本由学生利用获得的方法去自主阅读,虽然文本较多,每一篇文本涵盖的学习内容广泛,但由于学习目标单一精简,学习任务相对轻松,学生完全有信心在教师的指导下,结合专题助学系统(专题说明)自主学习。学生在学习过程中,既阅读到大量文本,又牢固掌握了某一种阅读理解的方法。

2. 以专题为点,学习"焦点"外内容

专题的选文多是来自统编教材,因学习目标不同,所以同一篇目会编入不同的专题,这样,就出现教学时反复接触同一文本的现象。我们可以利用这一时机,以某一专题为点,学习专题外的知识。如在某些专题中,编入的文本几乎跨教材全册,教学时会出现低学段阅读高学段文本的现象,基于我们在开展对某个专题的学习时,都会对专题内所有的文本完成初读,初步掌握每一篇文本的大概内容,所以,这就帮助学生提前感知了其他学段才能学习到的篇目内容。又如已经学过的"对比"专题篇目中运用到"反语"手法,在学到"反语"专题时再次阅读该文本,"对比"手法在学生大脑中再现,从旧知中获得新的理解体会,学生思维能力得到发展。另外以专题为点,扩大迁移,把课内阅读与课外阅读连接起来,学生收获的空间大大增加。

(二)以课型定阅读,注重与统编教材的"三位一体"同步

统编教材重视阅读能力的培养,建设"教读课""自读课""课外阅读课"的"三位一体"的阅读教学体系,以更好地贯彻课程标准提出的"多读书,好读书,读整本的书"的倡议,并达到课标提出的课内外阅读总量 400 万字的要求。

在专题阅读课型中,我们安排有"批注自读"和"互助深读"课。自读课有课前自读和课后自读。课前自读是学生在老师和"专题说明"的引导下,阅读文本,从焦点角度对文本进行感受、理解,形成自己独特的感受。在"互助深读"环节,即进入讲读课环节,除将自己的个人阅读感受与同学交流外,就是老师的教读,由老师带着学生运用一定的阅读策略完成阅读任务,达成相应的阅读目标,目的是教给学生方法。学生运用学到的"法",再次自主阅读其他文本,从专题内延伸到课外,进一步强化阅读方法,沉淀为自主阅读的阅读能力。从自读到教读再到自读,最后拓展到课外阅读,做到与"三位一体"的阅读教学体系协调统一。

（三）自主教学,在设计理念上与统编教材同步

"语文素养""守正创新""立德树人"是统编教材编写的基本理念,主要体现在"以学生为本"上。自主教学是我们在专题学习时注重的一种学习方式,它作为语文学习的一个重要方面,体现了"以生为本"这一理念。

在专题学习中,我们运用自主教学的方式,"教"和"学"的内容不受学段限制,"教"和"学"的方式不受"规矩"限制。如在教学活动中,教师结合统编教材教学内容或学情需求,随时选择学习的专题,与学生一道学习;学生结合自身需求,主动选择专题内容,借助老师提供的学习资源和学习方法,自主阅读、自由表达,或课堂上跟随老师学习,或课下与同学交流互助学习。学生学习的过程慢慢转换为一种语文能力,学生的语文素养相应得到提高,这样教学的效果远远胜于老师强行的灌输。

第四节　专题化阅读教学课堂实施策略

一、专题化阅读开放式教学策略

语文具有丰富、深厚、灵动的特点,它与生活、文化、交流息息相关,有很强的育人功能。语文的教学不该框定于某种固定的范式,应该去旧

革新,从传统陈旧的教学形式中释放出来,全面开放,呈现出灵活生动的教学形式,实现语文的生活化、人文性、工具性。

"开放"有"张开,释放,解除限制"之意。这里的"开放语文",是指在语文教学中充分挖掘开放因素,让学生在开放环境下主动参与学习,达成认知、情感、行为目标的统一协调,主动发展,提高素养。

在专题化阅读教学实践中,我们依循课标,基于教材,回归学生,从课程内容、教学形式、评价方式、个体体验等多个维度突破传统重围,去创新、拓展、实践语文教学,让语文教学更加遵循语文教育的规律,更加尊重学生的需求,更加助力学生素养的提升。

怎样挖掘语文教学中的开放因素,充分发挥语文的育人功能?本节将焦点定位在教师与学生、教与学之间的关系上。基于此,在课程内容、教学形式、评价方式、学习时空、学习体验等方面进行了拓展、创新。

（一）课程内容的开放

新课程改革强调阅读为语文教学的重中之重,现行统编语文教材的结构体系更是凸显了阅读的重要性。怎样才能实现学生课内外阅读总量达到400万字的要求?在"大语文观"的指导下,笔者立足统编语文教材,以专题的形式重组课文,并选入相应有关联的课外读物,构建"初中语文专题阅读资源库"。将它作为统编教材的补充阅读教材,交叉使用,选择性使用。

"初中语文专题阅读资源库"由不同的阅读专题组成,每一个专题由一组具有相同线索的不同文本构成。专题内的阅读文本出自七到九年级教材中,还包括相关联的课外作品。每个专题包含阅读目标、练习设计以及课外文本推荐等。

新的课程内容打破单篇阅读的局限,将碎片知识整合起来,让学生进行系统深入的学习。学生在阅读中,获得更大的学习空间,多角度地获取信息,阅读速度提高、阅读量增加、阅读兴趣得到激发。在阅读时间、阅读空间、阅读素材、学习方式上,更加体现了学生的主体性。

学生对阅读内容的选择体现出开放性,主要体现在学生自主学习的阅读选择和多样性阅读方面。在专题学习中,学生以达成专题目标为中心,在专题内、教材或课外选择自己感兴趣的文本自主阅读,自主感知并体验。阅读内容的开放性,拓宽了学习渠道,增加了学生的阅读量,突破以框定内容为中心的阅读方式,培养了学生的学习兴趣、开放性意识和创新精神。

（二）教学形式的开放

教学形式的开放,主要体现在师生关系课堂教学氛围或学习方式的灵动性上。传统的课堂教学中,师生的关系是你站我坐、你讲我听、你教我学、你主我次的关系。这样传统拘束的课堂组织形式,不利于学生主体性的发挥,有悖于新课程改革的要求。怎样超越这种形式?笔者构建了学习小组,开展"三学"学习模式,将师生关系、"教"与"学"关系全面开放。

"自主、合作、探究"是新课程理念提倡的一种学习方式。基于这种方式,我们组建 6 人小组、2 人结对,通过"自学、合学、展学"模式,让学生在自学中形成自己独特的思考,将学习体验与同学老师交流,质疑、解惑,然后展示自己的见解、收获。

在自主学习环节,安排充分的时间让学生自主思考、探究,让学生从新的发现中感受学习的乐趣。合作学习交流环节,学生能充分参与学习活动,在与学友的交流中解决难题,获得启发,生发灵感;在帮助学友的过程中获得成就感,从而增加自己学习的兴趣。展学由学生来展示学习收获,讲困惑,讲重点难点,让传统的"学生学"和"老师教"的方式得到改变。在小组学习中,教师不再是滔滔不绝的讲授者,而是参与到学生的交流讨论中,适时点拨,引导学生获取知识。

在教与学的双边活动中,师生的关系是平等对话的关系,师生围绕专题内容展开对话,教师尊重学生对文本的感悟,不把自己对文本的理解强塞给学生;教师根据专题阅读内容,组建学习小组,通过自主互助式学习,打破传统拘束的课堂学习模式;在学习过程中,充分运用多种学习方法如"自主朗读法、批注阅读法、合作探究法、点拨法、展示法"等,学习专题课程。在教与学的双边活动中,真正实现教师的主导作用和学生的学习主体地位,学生的思维能力、自主学习能力、合作能力、交际能力、表达能力等得到提升。

（三）评价方式的开放

评价方式开放，是指在专题阅读教学中，教师采用除检测之外的更多评价方式，以增强学生自信心，激发阅读兴趣等。从评价形式上，有每答必评、选择评价、批判评价、激励评价、赞扬评价等。从评价方法上，有课堂随时评价或下课前作几秒钟的总评价，有平时评价与阶段评价等，小组同学间用"我的学友表现很棒""我认为学友对某词表达的效果理解到位"等激励语互评。

灵活多样的评价方式还体现在多元评价方式的综合运用上，如分层检测、口头评价、肢体评价、学友间相互评价、即兴评价、阶段评价等。评价以激发学生兴趣为出发点，采用多种评价方式进行评价。从单一的试卷测评，到按优、中、差分层测评，从卷面评价到口头鼓励，采用肢体语言如摸一下头，竖一下拇指，从浅层的"很好"到"你的理解很独到"，即时评价与阶段评价交错。

多元的评价方式既补充学生对文本解读的疏漏，又增强学生的自信心，激发学生的阅读兴趣。

（四）学习时空的开放

教学时间和空间全面开放，学生的学习由课堂延伸到课外。时间安排上灵活自由，不死板地遵循教参建议，文本学习的时间由学生学情而定。一篇文本的教学可长达 5 个课时，也可以 10 分钟。从专题阅读课型来看，可以设置在课堂上兼课外完成的"指引导读"课、"批注自读"课、"互助深读"课，学生在课堂上阅读学习，与学友充分交流，表达自己的阅读体会，随时向同学、老师寻求帮助，解疑释惑。另外，笔者为学生创设课堂以外的阅读平台，开设读书课，利用自习课，安排周末阅读任务，鼓励学生到图书馆、阅览室、书店等徜徉书海。阅读时间、环境的开放，让学生有机会阅读更多的课外书籍，阅读量相应增加。另外，任务单的设置，也提高了学生的阅读速度。

（五）学习体验的开放

传统的教学，大多是教师将自己的理解强加给学生，学生收获的是教师对文本的解读，没有个体体验。作为语文老师，应该尊重学生对文本的个体感悟，不给学生设定固定统一的阅读答案，不将教师的个人理解强加给学生。

教学中，笔者为学生创设平台，通过批注、撰写微型文本解读、分享读书心得等活动，鼓励学生将自己对文本的理解体会表达出来。不否定学生的观点，鼓励他们有独特的理解。阅读体验的开放，使学生脱离了老师的"统领"，他们能把阅读的触角深入文本局部中，在字、词、句、段中注入自己的思维和情感，去感受文本的语言，使自己读有所获、所疑，深入挖掘文本的蕴蓄，从而探究文章的精华，真正地与文本对话，获得素养的提升。

总之，"开放语文"不管是教学设计上的创新，教材深度开掘与重组上的翻新，还是课堂结构上的求新，都基于学生的兴趣、学生能力的培养、学生素养的提升。"开放语文"实现了传统师生关系、教学关系的华丽转身；"开放语文"围绕学生核心素养的培养设计教学，彰显了"以生为本"的魅力。

二、专题化阅读整体设计策略

"大语文观"观念下的语文教育，要求师生从语文知识的微观教学中解脱出来，升华为开放式的思维与创造力发展；要在教材的基础上，创造性地运用文本，变"教教材"为"用教材教"。因此，语文教师应在这种"大语文观"的指导下，既要立足教材，在教材原有单元的基础上，将单元内容进行有效整合、互补，形成阅读专题，又要在立足大专题的基础上进行教学设计，让阅读教学不再枯燥，不再生涩，用以启迪学生的智慧，激发学生的思维，让阅读教学更为灵动。

（一）有效制定专题学习目标

新课标明确提出："教师要关注学生在教学中的主体地位，增强学生的主体意识,变被动学习为主动学习。让学生成为学习的主人。"这样的课堂教学改革应以树人目标的落实为重点。因此,教学初,可先引导学生了解即将学习的专题内容,通过组文意图、专题目标等让学生对整个专题的学习内容有一个初步的大概了解,然后根据专题焦点内容,设计好核心任务,明确专题学习中以焦点为主线,以问题为导向,以阅读为主要实践活动,引导学生进行专题学习。

专题整体阅读教学符合新课程语文读本的编辑思想,最大限度地凸现了专题主题的目标功能。鉴于此,在专题整体教学中,教师首先要全面、完整、正确地理解和把握好新课程标准,在此基础上进行系统备课,弄清各专题语文教学的不同目标和重点,弄清各专题之间的关系,弄清一个专题中文本之间的关系。只有这样,才能把握专题的教学重点和教学目标,才能根据总目标制定出每个小专题、每个课时的具体目标,因此,教师一定要对初中学段的三个学年、六册课本作一个统筹计划,确定好不同的教学目标,抓住专题切入点,明确课时目标,突出重点,进行整体阅读教学。

(二)有效进行专题教学设计

在确定专题教学目标的基础上,层层递进地展开阅读教学,实践中,我们是这样来安排教学流程的:

根据专题选文的特点,通过五个循序渐进的课程来完成专题的教学:教师导学——学生研学——对比阅读——展示评价——拓展延伸。

教师导学:正确引导学生阅读整个专题的文章,把握专题学习的主要内容,达到初读、浏览、整体感知的目的。

学生研学:将本专题的某篇精读课文作为范文,进行具体细致的研读,力求把握同类文章的写作方法和技巧,做到举一反三。

对比阅读:把范文与写法或内容相近的其余篇目进行比较阅读,体会本专题中每篇课文的特点,感受同一主题不同体裁文章的表达特点,体会主体精神。

展示评价:以小组为单位,展示自己在同一主题文章的学习中的体验收获,并联系实际生活,分享与主题相关的身边人、身边事。

拓展延伸:本堂课安排在整个专题的课文学完以后,让学生自主搜集与同一专题主要内容相关的文章等,拓展阅读,分享阅读收获,增大阅读量,形成个性化的阅读体验。

这样的教学流程安排,从根本上摆脱了单一的教学模式,不仅达到了提高教学效率的目的,而且丰富了教学内容,关注了学生个性化的阅读体验,激发了学生的学习兴趣。

(三)有效进行课内外相结合教学活动

新课程背景下的语文课程资源,有两大核心组成部分:一块是课堂语文资源,另一块就是课外语文资源。新课标明确提出要通过多种途径提高学生的语文素养。因此,想要提升学生的语文素养,单靠课堂文本显然是远远不够的,必须大量地扩充课外读物,增加课外阅读量,使学生"得法于课内,得益于课外"。除了在拓展延伸课上让学生拓展阅读与专题焦点相关的文章外,在课外时间还要求学生阅读大量经典名著。如学习七年级下册以"探险"为教学切入点的专题后,便要求学生阅读与探险有关的名著《海底两万里》《鲁滨孙漂流记》等,并通过各种活泼有趣的形式,让学生津津有味地去阅读。例如:定期为学生开展读书汇报会、知识竞赛等读书活动,不仅检查了学生的阅读效果,而且大大激发了学生的阅读兴趣,变"要我读"为"我要读",收到了事半功倍的效果。

阅读专题整体教学设计,不但可以丰富教师的教学内容,而且有助于拓宽学生的学习领域,实现课堂教学的开放性和民主性,有效提升学生的语文素养。

三、促进专题化阅读教学的有效途径

专题化阅读教学作为一种新型的阅读教学手段,实则是对于初中语文阅读教学课堂的创新性内容的补充。在传统的初中语文阅读教学过程中,教师着重于让学生用不同的文章题材加以练习,在练习的过程中探索出解答阅读题目的技巧。然而此种方法见效较慢,且对于学生的读的基础和能力要求较高,同时效果不显著。因此专题化阅读教学作为一种能够帮助学生提升阅读水平,在阅读的过程中找寻新型技巧的教学方法,是在传统教学手段之下的创新。同时专题化阅读教学不仅能够帮助学生在阅读领域获得提升,更重要的是能够提高学生的语文学科综合能力和核心素养。初中阶段学生的核心素养主要有提升阅读能力、进行文

化积淀、培养学能力和独立思考能力等等。因此我们可以看出,针对学生综合素养的要求是全方位的,并不是单一的教学方法可以完成的。而专题化阅读通过配合多种教学手段和教学方法,可以更好地帮助学生提升核心素养,锻炼语文综合能力。

（一）构建思维导图开展专题整合教学

专题化阅读教学模式的开展一定是基于教材的。因此教师要以初中语文课本为基础,选取适合进行整体性阅读和拓展性阅读的内容组合成专题。同时要以课本教学内容为导向,引导学生学习书本上的阅读知识。初中语文课本设计是以单元为单位进行的,同时每一单元都有固定的主题,这也意味着每一单元的内容和文章题材大致相似。因此我们通过开展大单元整合教学的方式,来进行专题化阅读教学。每一专题文章的内容对于学生来说都不应该是孤立的,在学习完之后都应该成为一条串联起来的线,相互联系,相互启发。同时在开展专题整合教学的过程中,教师为了学生能够拥有一个清晰的学习思路,还可以配合着引导学生进行思维导图的构建。所谓的思维导图就是每一类型的阅读讲到了哪些板块的知识,而这些板块的支持又包括哪些细小分支,由主到次,层层区分。

以八年级上册第四单元的文章整合成的阅读专题为例。第四单元大多为散文,散文是阅读中常考的一种文学体裁,但同样也是学生们问题最大、最不易得分的一种体裁。许多学生在针对散文进行阅读理解时,常常抓不到重点。但散文同样也有其内在的思路和行文特点,尤其是一些名家所写的散文"形散而神不散",学生需要深入理解其中的感情色彩,进而把握文章的行文脉络。教师在本专题课文教学的过程中,要注意开展专题整合教学,注重思维导图的构建。可以通过在黑板上或者多媒体上绘制思维导图,让学生的行为脉络和思绪更加清晰。例如以本单元的前两课为例,一篇文章是朱自清的《背影》,另一篇文章是茅盾的《白杨礼赞》。教师在讲解时要注意体现每篇文章的中心特点以及线索等。《背影》这篇文章要把握朱自清对于父亲的情感变化,而《白杨礼赞》要把握托物言志、借物喻人的写作手法。在单元内容讲解完毕之后,教师也可以开设散文专题,以思维导图的方式将散文中涉及的阅读理解要点进行总结,帮助学生搭建散文的阅读理解学习脉络。

（二）以对比阅读为手段实现知识迁移运用

专题化阅读教学的最大优势就是能够让学生在阅读知识技巧的学习过程中实现知识的迁移运用，可以通过有效的对比阅读，灵活掌握知识。学生在阅读理解的学习过程中最重要的问题就是学习思维较为僵化，不懂得灵活贯通。因此也常常会出现在课堂上将教师讲的理解方法都掌握了，但是一遇到全新的阅读理解题目时就毫无头绪。因此教师在课堂中要注重对比阅读的训练，充分发挥群文阅读的优势，让学生在平时就要注重对知识的迁移和运用。另外阅读理解的对比和知识的迁移，能够有效提升学生的语文核心素养，增强学生对知识的理解力和迁移力，进而形成灵活和创新的思维，在遇到新型的题目时，学会自主思考，而不是依赖教师的讲解。

例如在开展说明文专题的学习时，我们以《中国石拱桥》为精读范本，让学生具体学习说明文相关的文体知识和写作技巧，然后在学习专题内文本《苏州园林》的过程中，借助文章为学生拓展说明文阅读的技巧和方法。在说明文的阅读理解过程中，学生最先把握的就是说明文的说明方法、说明顺序等，需要对文章的总体和部分进行整体性的把握。《苏州园林》这篇文章具有典型的代表性特征，因为它的说明顺序和说明方法十分成体系，也具有代表性。在具体的学习过程中，教师可以让学生思考这篇文章总体运用了怎样的说明顺序，同时在对苏州园林的不同方位的景物进行描写时运用了怎样的说明手法。例如在第三段中，作者写了苏州园林中的亭台轩榭，讲究布局美；第四段写了苏州园林的假山池沼，讲究配合美；不同段落对于苏州园林各类景观的描写都是具有代表性且蕴含着说明意味的。如此进行总结，那么就会清晰地掌握苏州园林的写作顺序。另外，在教学的过程中，我们不断将本文与《中国石拱桥》作对比阅读，如比较两文的说明顺序，比较两文的行文结构，比较两文对说明对象特点的说明方式等，在此基础上加深学生对说明文知识、特点的了解。最后，让学生将学习收获运用于专题内其他文本的自主学习、探究中，通过对比阅读，让学生进行知识的迁移，深入掌握说明文的知识技巧。

（三）设置生活情境增进阅读体验

学生阅读理解能力的提升不能单纯地依靠教师的课堂教学,否则学生不能将知识学习得更加透彻和灵活。阅读是学生与作者交流的桥梁,同时也是作者思想升华、思维创新的重要渠道。阅读理解能力的提升是一个多重综合性作用的结果,不仅有赖于基础知识的训练,更有赖于学生在生活中的理解和感悟。只有思维水平和感悟能力提升了,学生才能够在阅读理解的学习过程中获得质的飞跃。教师可以借助此次群文阅读教学实践,引导学生将语文阅读课程的学习和生活紧密结合起来,既增进阅读的实际体验,同时又让学生感受到阅读学习的趣味性,增强语文课程的丰富性和多元性。

例如在进行"童年"阅读专题的教学中,《社戏》《从百草园到三味书屋》《我的老师》等文本都再现了童年精彩的镜头,教学中,我们便带领学生在阅读的基础上开展生活实践活动,引导学生感悟本专题文章中包含的对童年和人生的思考。如在《社戏》的阅读教学中,我们引导学生回忆童年经历,讲述童年趣事,寻找与作品中"我"与双喜等小伙伴们的相同感受,体会为什么我会难忘"那夜似的豆""那夜似的戏"。教学《从百草园到三味书屋》时,为引导学生感悟作者在"百草园"和"三味书屋"不同感受,我们借机开展一次生活实践活动:回忆童年,感受童真。学生可以借此机会对自己的童年生活进行回忆,并将一些生动的场景再现,从而更加深刻地体验作者在写作童年经历时包含的情感。

（四）借助信息技术拓展课外阅读资源

单凭专题内的阅读材料还不足以扩大学生阅读视野,增加阅读量,更深入地掌握阅读技巧和学习方法。因此,专题化阅读教学课程的有效开展还需要借助课外阅读资源。对于教师来说,信息技术和多媒体技术便是有效拓展课外阅读资源的手段。我们在进行专题阅读教学时,专门在课堂中开设阅读课,让学生在多媒体上学习到更多的课外阅读材料,以此与课内文章或以前学过的文章进行对比学习,既能丰富视野,还能拓展知识,锻炼语文核心素养。

课外阅读资源的有效利用是提升学生阅读能力和增长学生阅读知

识的重要手段。多媒体是一种现代化的教学手段和教学工具,拥有其独特的优势。尤其是在专题阅读教学过程中,可以以生动图像和文字的形式对内容加以展现。每一学期的语文书的最后都有名著阅读的内容,阅读名著也是这个阶段学生必备的能力。因此教师可以给学生推荐一些古今中外的名著,如我国最经典的四大名著,外国经典名著《格列佛游记》《钢铁是怎样炼成的》等。同时还可以在语文课堂上引导学生进行经典选段阅读,教师边讲解,学生边做笔记,如此精细化的阅读也不失为一种提升阅读能力的好办法。

专题化阅读的作用重在综合性地提升学生的语文阅读能力,使学生的阅读技巧、阅读理解力、阅读情感把握能力等获得全面提升,进而提高学生的语文核心素养,培育学生的语文综合素质。

四、文言文专题化阅读教学策略

文言文是以古汉语口语为基础的书面语,主要包括以先秦时期的口语为基础而形成的书面语言。学生理解起来有一定难度,因此,充分整合教学资源,采用专题化的方法指导文言文阅读,有助于学生在专题化阅读体验活动中,激发阅读兴趣,掌握阅读方法,有效提升文言文的阅读理解能力。

(一)"单元整合法":围绕文言单元的主题,将单元内的课文进行整合设计

部编教材组元的一个重要特点就是人文主题,单元内各篇课文从不同的角度对这一主题进行呈现、展示和阐发。单元结构是"纲",单元内各篇课文是"目",纲举才能目张。单元主题是串起每篇文章的线索,因此,教师在进行教学时,可以采用"单元整合法"进行系统的教学设计,最大限度地凸显和实现人文主题"情感、态度与价值观"的目标功能,有效地促成学生思想体系与精神家园的构筑。

下面以部编教材八年级下册第三单元为例,进行说明:

本单元以文言"记文"为主题,共有3篇课文,分别是陶渊明《桃花源记》、柳宗元《小石潭记》和魏学洢《核舟记》。这些文言文,有的记事,有的记游,有的状物,对"记文"这一专题文言文的学习,能够让学生感

受到先人的智慧,受到美的熏陶和感染。

在单元整合教学时,紧紧围绕文言"记文"的主题,笔者做了"巧用记文抒真情"的单元主题教学设计:

《桃花源记》——陶渊明的理想王国

《小石潭记》——柳宗元寄情山水

《核舟记》——魏学洢赞大国工匠

学生在不同特点"记文"的整合学习中,了解古代"记文"的特点,领会文章的丰富内涵,加深对"记文"的印象。

(二)"课外拓展法":结合教材中的文本,进行拓展性阅读,向学生推荐与课文相关的文言文书目

例如,在学习了《论语》十二章后,除了要求学生熟读成诵外,为了让学生借助学习《论语》,深入了解我国大教育家孔子,感受圣人深邃的思想,还可以在进行拓展性阅读的时候向学生推荐并指导阅读《孔子传》《史记·孔子世家》《论语心得》等书籍文章,这样,通过与课本内容相关的专题化阅读,不仅丰富了课文的内容,而且能够加深学生对课文内容的深度理解,拓展学生的阅读面,提升学生的阅读能力。

(三)"因材施教法":立足文本,结合学生的不同兴趣爱好,向学生推荐个性化的阅读专题

本人任教班级中有一位男生,非常喜欢哲学,因此,我借助教学《庄子》二则的机会,向他推荐了《内篇·逍遥游》《解读庄子》《庄子今注今译》等与庄子相关的鉴赏材料,一学期下来,他终于在多方面多角度文本阅读的基础上,加深了对庄子思想的理解,他的文言文阅读能力及对社会、历史、军事、人生智慧的感悟等,也有了长足的进步。

(四)"推荐专题法":教师为学生推荐文言文阅读的参考专题

根据课标对初中文言文阅读的要求,从"写作特点""文言文语言特色""创作时间""类似创作背景"等专题阅读选择议题时应注意的几个问题入手,拟为学生推荐文言文阅读的参考专题,如:"唐代小品

文""《礼记》中的教育思想""《战国策》系列阅读""范仲淹的政治理想"等。这些专题的推荐,主要立足于课外文言文阅读,但笔者通过课堂时间进行具体化的阅读指导。在指导过程中,为了强调"实效性",笔者要求学生做好笔记,做笔记时,重在发现,及时记下自己有灵性的感悟以及意味深长的内容,整理成读书笔记集并进行展示。

五、整本书阅读专题内容的构建途径

整本书阅读已经进入语文教学的课程视野,成为语文课程的规定内容,整本书阅读成为提升学生语文素养的有机组成部分。整本书阅读过程中,最为关键、核心的任务是设置专题化的阅读任务,任务群设计应立足于学科核心素养,整合目标、任务、情景、内容,是纳入课程视域下的一个教学单位,也是一个指向学科核心素养、相对独立、能体现完整教学过程的课程单位。从这个意义上讲,整本书阅读就不应该是简单的语文知识点、能力点的线性排列,更不是把死的知识从生动的文本中抽取出来让学生死记硬背以博得高分的"假读书"。

现从整本书阅读专题化设置的几个例子谈谈专题应该如何设置,设置的目的是什么以及专题与专题之间应该如何紧密衔接,共同指向提升学生语文素养这个核心目标。

（一）围绕基本任务设置专题

整本书阅读要基于学生的阅读能力、阅读兴趣,从实际情况出发进行阅读专题的设置。整本书阅读专题焦点的选定要避免高、深、难,以免学生陷入阅读的畏难情绪中,失去阅读整本书的兴趣。

如于保东老师在指导学生进行《朝花夕拾》这本书第一遍阅读时,就是按照学生的读书习惯和思维水平设置了以下阅读专题:

初识《朝花夕拾》,了解《朝花夕拾》的基本内容,初步把握作者的思想情感。

对自己不理解的地方进行圈点批注,自己不理解的地方可以查阅相关资料进行印证,也可以暂时放一放。

摘要自己喜欢的地方,并尝试用三两句话作简要点评。

给《朝花夕拾》涉及的人与作者的关系做一个简要示意图。

阅读时间规划：5～10课时（主要是放在暑假期间进行，学生要自己规划好阅读时间和内容）。

从这个阅读专题的设置看，这样的阅读专题基于学生的阅读实际，避免了学生阅读的畏难情绪，还让学生在阅读时有了基本抓手，培养了学生的基本阅读习惯。整本书阅读的起点是感悟《朝花夕拾》语言，了解《朝花夕拾》所写的基本内容和作者的情感，了解鲁迅先生从童年到青年的经历。这个阅读专题的设置就是强调学生读书的自主性、主动性，既有较强的任务意识，以任务驱动的方式开展，又基于教师的有效指导，养成了学生读书圈点勾画、写批注、写提要和写笔记的习惯。

再如，在《红岩》的整本书阅读指导过程中，这样基础性的专题还可以这样设置：

围绕关键地点、时间节点、关键事件和关键人物，尝试边读边用思维导图的形式做内容上的梳理。比如围绕《挺进报》做一下关键人物和事件的梳理；围绕"江姐"这个主要人物做一下事件的梳理；围绕《挺进报》做一下梳理；围绕"二处""渣滓洞""白公馆"做一下地点变化的梳理等等。

这样专题的设置是为了让学生阅读的任务更明确，阅读的指向更准确，阅读的方法更对路。直接用文本语句等表示或显示检索所得，避免了学生的畏难情绪，也训练了学生的复述能力。虽然这些问题都不难，但对养成学生良好的读书习惯却是非常重要的。

由此可以看出，基本专题的设置，一定要基于学生阅读的实际能力，只要养成学生基本的阅读习惯、激发了学生的阅读兴趣就达到目的了，不要一上来就给学生造成阅读的畏难情绪和阅读障碍。

（二）基于能力提升设置专题

整本书阅读的目的之一是提升学生的阅读能力，而要提高学生整本书的阅读能力就必须将整本书阅读专题设置聚焦于能力提升。这样的专题可以是围绕整本书阅读中的一个人物来深入展开，也可以是将同一本名著中有关联的关键点确定为焦点（即连接整本书的线索），如将《西游记》中的美食、《水浒传》中相同性格的人物等整合成一个专题，焦点可以是名著中的人物、物件、情节，也可以是作品中某些情节的写作手法等，以引导学生通过阅读专题来读懂整本。

如甄洪武、于保东老师在指导学生进行《红岩》的整本书阅读时,就设置了以下基于学生能力提升的专题:

用 100 字提炼《红岩》的主题。

用 100 字左右给你最喜欢的 1 ~ 2 个人物画一个人物图谱。图谱应包含人物姓名、职业(注意真实身份与伪装身份)、出身、性格特征、工作性质与成绩等。

围绕《挺进报》做一下梳理,做一个思维导图,并从我方和敌方两个方面说明《挺进报》的重要作用。

因为各个版本的《红岩》都没有章节题目,所以要求同学们每个章节用不超过 100 字概括主要内容,要求概括出主要人物、地点和主要事件。

这样基于学生概括与整合能力提升的专题,能够促使学生进一步深入阅读文本、思考文本,再用自己的语言表现自己的阅读和思考结果,促进了学生阅读能力的提升、思维的深化和语言表达能力的提高。

学生的概括能力是用简明扼要的语言浓缩整本书全部或局部,而整合能力则是将分散信息聚合、形成完整形象或整体,是信息的有目的性重组。"用 100 字左右给你最喜欢的 1 ~ 2 个人物画一个人物图谱",并明确了人物图谱应包含人物姓名、职业(注意真实身份与伪装身份)、出身、性格特征、工作性质与成绩等。"这个专题的设置更可以看出是指向巩固学生已经掌握提炼主题、撰写人物小传、勾画人物图谱的阅读习惯和方法,是培养学生对关键人物的内容概括、整合的能力,这样才能对人物有一个比较完整的认识。"围绕《挺进报》做一下梳理,做一个思维导图,并从我方和敌方两个方面说明《挺进报》的重要作用"这个专题,则是明显指向《红岩》这部小说线索的专题探究,在阅读的过程中,学生围绕地点、挺进报、主要人物边读边勾画,学生整本书读完了,《红岩》的思维导图也就画出来了。

(三)基于深度推进设置专题

学生整本书阅读能力的提高,语文素养的提升,不是一蹴而就的,必然是个循序渐进的过程。在这个过程中,学生对文本中的关键节点、疑难点也不是通过自我的阅读就能解决的,这需要教师依据学生在阅读过程中出现的实际问题,再一次设置推进深度阅读的专题,以这些专题为突破口,设置具体细致的思维支架,引导学生深入阅读文本。

　　在于保东老师进行的《昆虫记》的整本书阅读指导中,他就巧妙地围绕一个"趣"字设置了多个专题群组。其中第二个专题群组是"认识并表述如何用人趣观察虫趣的"。这个群组的设置,紧紧围绕文本阅读兴趣的指向"趣",要求学生借助文本细读和选读的方法,在自由圈点批注阅读的基础上,倡导学生之间的合作学习,借助文本中大量的实例、细节描写,再次通过深入细致的阅读,体会、分析法布尔是如何用人趣观察虫趣的。在设置的第三个专题中,则是围绕"虫趣"这个核心话题设置任务,要求学生"理解并用系统文字表述如何用诗趣表达虫趣的"。这样的专题设置,基于学生对《昆虫记》整本书阅读的感受,基于学生对《昆虫记》语言风格的整理把握,再辅以文本选读和细读,对《昆虫记》的"诗趣"语言有了自己的认识和体验,学生就能从整本书中筛选出自己感受最深的例子作为自己论证这个观点的文本证据,在小组合作学习的基础上,能够用比较系统的分析、论证性文字(小论文 2000 字)去论证,体会《昆虫记》语言的"用诗趣表达虫趣"文学性这一特点。

　　如何进行诗歌整本书的阅读,从对诗歌的感性认识进入理性认识,进入理性思考,进行有"我"之思、"我"之悟,才有"我"之得的思辨与思维的提升,还需要教师巧妙地设置专题进行有效指导。这个专题组的进行,可以于保东老师对《艾青诗选》的整本阅读指导为例。于保东老师围绕一个"大"采用了三个专题的方式进行:多篇聚合辨"大";整本贯通理"大";意象审辨明"大"。这三个专题的进行,内部有统整,更有聚合,在用《我爱这土地》这一首歌进行探"大"之后,指导学生对《艾青诗选》再次进行多篇聚合辨"大"。紧紧抓住艾青诗歌中"爱国主义、爱人民、爱土地、爱大地上的一切生命"这一情感主线,反复朗读体会艾青的大爱,从整体上把握《艾青诗选》是如何用这一条鲜明的主线贯穿起来的。

　　整本书阅读专题的设置可以围绕基本任务设置专题,围绕学生阅读能力提升设置专题,围绕深度推进设置专题。

六、整本书专题化阅读教学策略

　　整本书阅读的核心教育思想是通过教师的引导,在提高学生文学阅读量的同时,锻炼学生的文字解读能力,提高学生的语文学习能力,培养学生的综合文学素养。在"整本书阅读"的实际教学过程中可以明显感受到,有的学生缺乏阅读兴趣,对于整本书阅读存在明显的抵触情绪,还有的学生虽然具有较为浓厚的阅读兴趣,但是在阅读过程中,思想停留于表层,不能很好地掌握整本书的思想精华,阅读效果不明显。采用专题化阅读教学指导策略,能够有效改善上述问题,在充分激发学生阅读兴趣的同时,提升学生的阅读感悟。

（一）以文章内容为专题,进行整本书专题化阅读

以课文内容作为线索,将整本书中与课文内容相类似的情节进行整合,形成一个阅读专题,通过设置阅读任务、讲解专题含义等方式,激发学生的阅读兴趣,从而引导学生进行整本书的专题化阅读。

以九年级上册第六单元《三顾茅庐》这篇课文为例。这篇课文是古代四大名著之一《三国演义》中的一个经典故事情节,主要讲述的是三国时期蜀国君主刘备三次前往隆中,拜访诸葛亮,邀请其出山辅佐自己平定天下的历史典故。文中通过"提前劝诫张飞不得无礼""提前下马步行""耐心应对诸葛考验"三个细节的描写,一方面直观地表现出刘备第三次拜访"茅庐"时诚恳的态度以及不轻言放弃的决心;另一方面,为"诸葛亮"蒙上了神秘的面纱。此时,教师就可以结合课文内容,通过"你还知道关于刘备的什么典故?""诸葛亮曾有哪些世人称赞的经典计谋?""最后刘备到底统一天下了吗?"等问题,引导学生主动将与《三国演义》中与课文内容相关的经典情节串联成几个阅读专题,进而在探索上述问题的同时,激发学生对《三国演义》整本书的阅读兴趣,有效提升阅读效果。

（二）以文章元素为专题,进行整本书专题化阅读

对于没有故事情节的文章,教师可以选择文中具有特色的某一个"元素"作为线索,寻找到整本书中与之有关联的内容,然后将其联系在一起,形成一个阅读专题,通过引导学生总结、探索它们之间的关系,进行整本书的专题化阅读。

以九年级下册第二单元的阅读课文《孔乙己》为例。这篇文章是鲁迅先生一篇著名的短篇小说,后被收录在小说集《呐喊》中。课文主要塑造了一个深受封建腐朽思想荼毒的,思想迂腐不堪、精神麻木不仁、

生活穷困潦倒,时刻受人嘲笑戏谑的悲惨人物形象——孔乙己。鲁迅先生运用简短的文字,深刻地揭露出旧时代科举制度对知识分子的迫害以及封建制度的残酷,表达出浓烈的反封建思想。为了消除文章陈旧辞藻及压抑氛围对学生阅读兴趣的影响,激发学生对整本书的阅读欲望,教师可以设置"鲁迅笔下的悲惨人物"的阅读专题,引导学生总结、整理鲁迅先生笔下具有相同悲惨命运的人物角色,以"孔乙己"这一课文元素作为线索,将《呐喊》散文集中的类似人物联系在一起,形成阅读线索链,进而开展专题阅读。通过这种形式,一方面能够激发学生的整本书阅读兴趣,另一方面,能够引导学生总结相同文章元素的特点,加深学生对文章内容的理解与对作者思想情感的感悟。

(三)以写作手法为专题,进行整本书专题化阅读

初中年龄段的阅读教学,不仅要重视学生文字解读能力的训练以及文学思想的感悟,还要引导学生建立通过阅读提升写作能力的意识。以文章的写作手法或者辞藻使用技巧为专题,将书中相同写作手法或遣词用字技巧作为专题,引导学生进行整本书阅读,在提升学生阅读能力的同时,有效提升学生的写作及能力。

以七年级上册第三单元《从百草园到三味书屋》这篇课文为例。这是一篇描写童年趣味生活的回忆性散文,选自鲁迅先生的散文集《朝花夕拾》。文章大量运用细腻的文笔,描绘出"百草园"与"三味书屋"这两个各具特色、情韵各异的地点。文中生动的景色描写以及形象的动作描写,非常值得学生学习。教师可以采用两个维度进行阅读专题设计。

以景色描写手法为线索,进行阅读专题设置。文中"碧绿的菜畦""肥胖的黄蜂""蟋蟀在这里弹琴""啪的一声从后窍喷出一阵烟雾"等经典景色描写语句,从视听角度生动形象地描绘出"百草园"妙趣横生的景象。将这种通过感官进行景色描写的手法作为专题,引导学生在《朝花夕拾》这本散文集中寻找类似的环境描写手法,进行整本书专题化阅读,学生能够在阅读的同时学习到环境描写的技巧,提升自身的写作技巧。

以动词运用技巧为线索,进行阅读专题设置。在这篇文章中,作者运用了大量的动词,描写儿时玩耍的场景。这些动词的使用,完美地体现出鲁迅先生的文学功底,每一组词、每一个字都恰当且形象,使人们在阅读的过程中,仿佛就置身于"百草园"之中,每一株植物、每一只昆

虫都"活了过来"。比如:"鸣蝉长吟""黄蜂伏在菜花上""直窜向云霄"等句子,完美地描绘出百草园生机勃勃的景象。此时教师就可以将这些精准的动词筛选出来,作为一个阅读专题,引导学生在整本书的阅读过程中,重点体会不同文章中,鲁迅先生的动词运用手法,感受通过辞藻传来的文学底蕴,从而提升学生"在阅读中学习,在学习中感悟"的能力,培养其综合文化底蕴。

(四)以人物特性为专题,进行整本书专题化阅读

通过大量的积累阅读后,学生大多会积极主动地投入阅读当中,但对于中学阶段的学生来讲,阅读习惯的培养和阅读思维的形成还未完成,对于书本的阅读是由浅入深的,需要经过不断的思考、消化之后才能够理解整本书的内容与中心思想,而人物的经历是贯穿整本书的重要载体,人们往往通过对任务特性的了解来实现对整本书所表达思想的理解,这样才能掌握整本书的写作意义,并在整本书的意义中和书中人物特性的影响下有所领悟,如此才能够体现出阅读的作用和价值。而学生在最初进行阅读时,对于整本书的内容、情节以及主要人物往往只是进行大略的了解,或者由于学生阅读理解能力不同对于一些读过的书本并没有真正地理解,处于有所了解但整体较为模糊的状态,这就需要教师采取一些不同的阅读策略来提高学生的阅读能力,发挥整本书专题化阅读的作用。这时教师可以通过设置阅读重点的方式让学生去阅读文章素材,并采用联结的方式去进行整本书的阅读和深度理解。一方面,通过教师的引导,让学生通过阅读从人物个性和所处的环境或人物的经历做出联想,让学生产生代入感,想象如果自身处在书中人物的位置应该怎样去做,如此就能够帮助学生对整本书的阅读理解从平面转变为立体,另一方面,通过阅读也可以让整本书故事之间的联系更加深化和系统化,让学生能够以对这本书的理解去与其他书内容作出比对,加固学生与阅读内容之间的联结。

例如,统编版初中八年级下册中要求必读的《钢铁是怎样炼成的》一书,在阅读的推进中,教师可以让学生结合书中主人公的情境去进行思考性阅读,并尝试进行内容的分析和判断,引导学生思考,联想出更多的内容,加强学生与读本内容之间的联结,获得整本书之外的生活知识。抛去故事背景,详细地了解书中关于人物心理活动的描述,增强学

生对内容的联结体验。另外,让学生能够在教师引导下去理解书中所表达的不同含义,使学生能够自发地融入场景中,用自身的领悟和熟悉的场景去为整本书的内容去做出注解。

（五）以文章背景为专题,进行整本书专题化阅读

文章背景是整本书所存在的空间,也是能够让读者产生代入感的基础关键,同时还是学生在阅读理解时所必须要重点注意的因素,是教师在阅读教学中必须重视的。一方面,文章背景常常是文章所想要表达思想或写作意义的辅助,或是整本书出现的影响因素。按照萧伯纳所说:"你有一种思想,我有一种思想,交换之后,我们就多了一种思想,或者得到更多的思想。"在整本书专题化阅读中,文章的背景也往往会带给读者很多文章外的知识,能够让学生在阅读整本书之后,针对书中作者所表达的观点或者所批判的内容进行评价和鉴析,随着知识的积累和经历的增多以及理解能力的提升,对于整本书文章背景的理解和审视也会越来越多,由此所产生的思想会让学生对知识、意识、思维有更深层次的理解,同时培养学生的逻辑思维,让学生学会如何去分析、判断,使其学会反思、学会鉴别,如此就能够锻炼学生的思维,使其思维更加活跃。教师还可以让学生在班级同学面前分享自己对整本书阅读后的所思所想,展示自己的想法,一方面,能够让其他同学根据同学所分享的内容去重新审视整本书的内容,并与自己的思考结果去对比,不知不觉中丰富自身的阅读感受,另一方面,教师也可以通过将一些文章的背景介绍给学生,去影响和冲击学生的阅读感受,学生不断将其与自身的阅读感受做出比较后,阅读观点也会发生不同程度上的重构,提高学生品读、精读的能力和培养学生的审美素养。

七、专题化阅读教学读写结合的体系构建

专题化阅读教学积极推进读写结合,在进行专题教学过程中,以"读"促"写",帮助学生在阅读理解的基础上提高自身的写作能力。

具体而言,就是从初一"碎片化"、初二"结构化"、初三"主题化"读写结合体系构建,归纳分析,拓展专题化阅读读写结合的空间。

（一）初一阶段的碎片化写作训练

语文的核心素养，主要包括了"语言的建构和运用""思维的发展和提升""审美的鉴赏和创造""文化的理解和传承"四个方面。"语文素养"内容从低级到高级，从简单到复杂可分为6个层次：第一，必要的语文知识；第二，丰富的语言积累；第三，熟练的语言技能；第四，良好的学习习惯；第五，深厚的文化素养；第六，高雅的言谈举止。基于语文的核心素养，语文教学必须牢记叶圣陶先生的名言"教是为了不需要教"。

专题化阅读读写结合构建应该从初一就开始。在专题化阅读教学读写结合构建过程中，议题的确立是整个阅读教学的核心，是构建写作与阅读之间的桥梁，它贯穿专题化教学读写结合的始终。读和写是相辅相成的，不是单一的叠加，不是为了写而读，也不是为了读而写。语文关键能力就是语言能力，一个人能说会道，出口成章，下笔成文，语言生动有感染力，我们就可以说此人具有很强的语文素养。在初中语文中构建读写结合的群文阅读，其目的就在于提高学生的语文素养。

初一阶段，遵循语文教学循序渐进之原则，运用专题化阅读教学对学生进行碎片化写作训练。其碎片化，即从表现手法入手，尝试"巧用修辞""动静结合""调动感官""细节描写""寄情于物""以小见大""叙议结合""托物言志""欲扬先抑""虚实相生""衬托对比""联想想象""烘托渲染""正面侧面""情景交融"等写作训练。

【课例1】

寄情于物绘生活——七年级上册《秋天的怀念》，课外阅读《海棠树里的张望》。

专题阅读目标

细读文中景物描写，领会文中的景物描写所蕴含着的丰富情感。探究景物描写在记叙文中的作用，领悟寄情于物的写作技巧。体会文中浓浓的母子情、祖孙情，感受生活的美好。

阅读步骤

1. 读题目

思考：本文在内容上主要表达对"母亲"的怀念，但作者却不以"怀念我的母亲"为题，而以"秋天的怀念"为题，好在哪里？

探究：母爱无私，母亲永远是在我们看不见的时候最爱我，父母对子女的爱永远只表露了三分，秋天的怀念并不是说故事发生在秋天，而是我对母亲的怀念和秋天这个季节有共通之处，都是代表了一种惋惜，代表了一种收获母爱、收获生存勇气的信念。

2. 这篇文章反复写"看花"这一内容的原因是什么？

"看花"是全文围绕的中心事件，是情节发展的线索。

文章回忆了三次看花的经历：

第一次，母亲要带"我"去，"我"不答应；

第二次，母亲要带"我"去，"我"答应了，母亲不能同去；

第三次，"我"和妹妹一起去。歌颂了伟大而无私的母爱，同时表达了"我"对母亲的思念之情。

3. 文中两处景物描写寄托了作者怎样的情感？

窗外的树叶"唰唰啦啦"地飘落。

黄色的花淡雅，白色的花高洁，紫红色的花热烈而深沉，泼泼洒洒，秋风中开得烂漫。

探究：

前一处以动衬静，突出"我"孤独、痛苦、无望的心情；我的生命也如这树叶一般凋零。

后一处花代表美好的事物，希望他看花是为了转移他病痛中的痛苦，更是为了让他找到生活的勇气，突出了母爱的细腻与伟大。此处写出了菊花蓬勃的生命力，渲染出悲壮、深沉的氛围，突出了"我"的心理从痛苦、无望转向明朗、坚强的变化。

自我总结：从《秋天的怀念》中，你领悟了哪些写作的技巧？

类比阅读《海棠树里的张望》

1. 读题目

（谁）在海棠树里张望（吸引读者的阅读兴趣）

2. 全文多次写老海棠树的目的是什么？

探究：老海棠树是线索，推动了情节的发展（春、夏、秋、冬）；同时也是衬托和象征，通过多次描写老海棠树使奶奶的形象更加饱满、鲜明和感人，更能表现作者对奶奶的敬仰、思念和深深的痛悔。

3. 文中"张望"出现了几次？（紧扣标题）根据你对文章的理解，用自己的话说说奶奶在"张望"着什么？

奶奶真正张望的，不是远处的风景，奶奶的"张望"就是她的期盼。被人说成是吃过剥削饭的地主，她感到屈辱。她希望有一份名正言顺的工作;她希望通过辛苦劳动,用行动证明自己能够自食其力;她努力识字读报,希望自己能够跟得上时代;她期望做一个有尊严的人。

归纳小结写作特色:

1. 物是线索,推动故事的发展。

2. 物是象征,寄情于物,突出物与自己的情感有某些相似的特征,让读者与自己产生共鸣。

试一试:展开联想

请在这段文字的开头和结尾适当地加入景物描写,体会其表达的效果:

……今天,半期考试的分数出来了,班主任走进教师,同学们都神情紧张地等待着,老师开始念:××,语文 ×× 分,数学 ×× 分,英语 ×× 分,总分 ×× 分……

围绕专题焦点,在阅读教学中组织碎片化的写作,这是基于七年级学生的知识结构,基于初中语文课堂阅读的需要。刘勰在《文心雕龙》中说:"夫设文之体有常,变文之数无方。"这指的是文章的体裁有一定的常规,文章表现手法的变化却没有一定的标准。表现手法的恰当运用,可以使文章摇曳生姿,曲折含蓄,独具风格,达到别开生面的艺术效果。反之,文章则显得乏味无趣,吸引不了读者,突出不了主题。任何一部优秀的文学作品,无不表现作者对表现手法的充分运用。初一阶段的专题化阅读教学读写结合课有巧用修辞添文采——《春》《济南的冬天》《四季的雨》,细节描写——《阿长与〈山海经〉》《老王》《父亲》,以小见大——《散步》《走一步,再走一步》,托物言志——《紫藤萝瀑布》《一棵小桃树》等。

所谓碎片化写作,指的是我们在整个初一的训练以 100 字左右的小练笔为准,整个训练在课堂上完成。这样的专题化阅读教学读写结合训练,一课一得,不给学生留下习作作业,符合当前"双减"政策的实施,也激发了学生的写作兴趣,突破学生害怕写作的心理障碍,为整篇文章的写作蓄势。

(二)初二阶段的结构化写作训练

经过初一阶段的碎片化专题化阅读读写结合训练,初二的重心可以转移到谋篇布局上,谋篇布局是学生写作中的盲点,如何引导学生完成一篇条理清晰、结构完整的文章？初中语文教材中的文章篇篇都是经典，只要深入分析，科学有效地进行专题资源库的构建，抓住其教学切入点，然后根据教材的写作需求选定好主题，确定好目标，就可以有序地完成阅读与写作的任务，提高学生的语文素养。

初二的专题化阅读读写结合体系构建，应确立有效可行的写作主题，如：首尾呼应、段落过渡、伏笔照应、情感起伏、线索作用、插叙作用、中心句点题、详略得当等。

【课例2】

群文阅读《背影》《白杨礼赞》。

结构议题：中心句点题。

阅读提示

1.《背影》在文中出现了几次？《白杨礼赞》中"不平凡"出现了几次？出现在什么位置，作用是什么？

2.作者为什么着重刻画父亲的背影，白杨树的不平凡体现在哪些方面？

3.结合《背影》《白杨礼赞》，你从文章的谋篇布局得到了什么启示？

写作训练

《我的母亲》

写作要求：采用中心句点题，突出人物性格，使文章结构完整，中心突出。

学生例文展示：

我的母亲

荷花之所以能无惧风雨茁壮成长，那是因为有叶为它承受了一切。

——题记

我的亲生母亲，在我还小的时候，就已经离我而去了。但她对我的疼爱，我永远也不会忘记。

那年我才八岁。正在教室里面读书，突然语文老师从教室把我叫了出去。说是母亲叫我。我欣喜地跑了出去，母亲跟我说了很多话。那时我还不知道，这次之后，我至今就再也没有见过她。

我的父亲是非常不负责的，从我有记忆以来，我就一直和母亲生活。那时，我和母亲在都匀生活。住在一间几平米的房间里，只有一张床，做菜的地方就在不到两米处，厕所还要去到楼上。尽管生活如此艰苦，母亲却每天都保持着良好的心态。每天早上，母亲送我去了幼儿园，就去上班；下午，母亲下班后就去买菜，回到家，母亲把菜做好便来幼儿园接我。这便是她一天的日常。

在我的印象里，母亲是非常聪明的。记得母亲同我说过她小时候的事：母亲有三个姐弟：两个姐姐，一个弟弟。外婆和外公很有先见之明，知道读书才能有出息，所以我的母亲和舅舅还有两个姨妈都上了学。但由于家里的条件有限，只有一个人能继续读，所以，那一个宝贵的名额就落到了成绩最优异的母亲身上。母亲也不负期望，读到了高中。但由于家里实在没钱了，母亲也知道了家里的难处，便读了半年就出来上班了。记得有一次，我和母亲去二姨妈家玩，二姨妈的儿子，也就是我的表哥，那年正读初三。我们到的时候，表哥正在做奥数题，那道题难度很大。表哥连第一道题都没有做出来，母亲看到以后，便去指导表哥，不一会儿，表哥便已经做了20道题，母亲的智慧是我一生的骄傲。

母亲认真负责的样子，也是我脑海中挥之不去的画面。每次放学回家，母亲都要检查我的作业，有一次，母亲照常检查我的作业，一个红色的叉叉映入她眼帘。她温柔地对我说："这个题你怎么错了呢？"我理直气壮地说："这原本是对的。老师却说字迹太花了，就给我打了叉。""这就是你的不对了，你的字迹乱老师打叉是应该的，你不仅不好好反思，还怪老师，这怎么行呢？"母亲训斥道。这是母亲第一次那么生气。我也认识到了事情的严重性，羞愧地低下了头。到现在母亲那认真的态度仍在我眼前挥之不去。

母亲虽然已经离开了我，但她的坚韧聪慧、她的勤劳认真直到现在依旧激励着我。母亲，儿子如今已长大，也渐渐明白您一定为我承受了太多，我多么希望能再见你一面。

老师点评：小作者的文章抓住母亲负责任、富于智慧的品质，运用中心句、典型事例，表达了对母亲深深的思念之情。

专题化阅读教学读写结合的训练不是单线训练，是阅读积累沉淀后的升华。作文需要沉浸，运用专题化阅读对学生进行结构化写作训练，可以达到熟能生巧、融会贯通的写作迁移。

（三）初三阶段的主题化写作训练

杜甫说："读书破万卷，下笔如有神。""神"就是文章的灵魂，一篇文章结构完整，表现手法多样，但如果没有灵魂，终究算不上一篇佳作。

在初三阶段运用专题化阅读对学生进行主题化写作指导，是整个初中阶段的重要任务。学生掌握了阅读与写作的主题，就把握了文章的命脉。

如果我们把初中作文主题归纳为亲情与友谊、理想与成长、往事回味、人与自然四个方向，我们就可以根据主题来组合群文，确定教学的切入点。

例如：

亲情与友谊：《故乡》《我的叔叔于勒》《孤独之旅》《社戏》《回忆我的母亲》《背影》《台阶》等。

理想与成长：《敬业与乐业》《论教养》《精神的三间小屋》《理想》等。

往事回味：《叶圣陶先生二三事》《回忆我的母亲》《美丽的颜色》等。

人与自然：《伟大的悲剧》《敬畏自然》《生物入侵者》等。

在初三阶段运用专题化阅读对学生进行主题化训练的，还可以结合中考作文题来确定议题。

例如2021黔东南中考作文：

我们初中所学的课文给我们很多做人的启发：杨振宁的《邓稼先》让我们明白人贵在爱国，杨绛的《老王》让我们明白人贵在友善，梁启超的《敬业与乐业》让我们明白人贵在敬业，文言文《陈太丘与友期行》让我们明白人贵在诚信

请以"人贵在——"为题，写一篇作文。

针对这个命题，可以以"爱国"为主题选择群文组合《邓稼先》《说和做》《谁是最可爱的人》。

设置教学目标：通过群文阅读理清文章的主要内容。学习通过典型的事例，写出人物精神的写作手法。陶冶情操，激发爱国情怀。

设置问题思考：

浏览课文《邓稼先》，思考：六个小标题分别讲了什么内容？凸显了什么精神？这篇传记写了什么内容，赞扬了什么？

浏览课文《说和做》，然后进行合作探究，理解把握文章的主旨。

《谁是最可爱的人》一文写了志愿军战士哪些英雄事迹？表现了怎样的精神品质？探究文章的主旨。

读写结合点：伟大的科学家邓稼先，民主战士闻一多，抗美援朝的战士，他们有着许许多多可歌可泣的故事，作者为什么只选取了这些典型的事例呢？文章的中心，我们从典型的事例来体现。

读写结合训练：请以"人贵在——"为题，写一篇作文。要求通过

典型的事例来体现文章主旨。

在初三阶段,运用专题化阅读对学生进行主题化写作训练,能提高学生的综合阅读与写作水平。由此,我们就完成了对专题化阅读的初中读写结合体系的整体构建。

叶圣陶先生说:"阅读是吸收,写作是倾吐,倾吐能否合乎于法度,显然与吸收有密切的联系。"可见,阅读与写作是密不可分的整体。应在专题化阅读教学中构建读写结合体系,采用碎片化、结构化、主题化等模式,加强读写结合的训练,遵循语文教学的基本规律,循序渐进,激发学生的自主学习性,从而实现以学生为主体、教师为主导的课堂教学。

八、专题化阅读开放式读写结合教学策略

专题阅读开放式教学能拓宽学生的阅读视野,提升学生的阅读能力,使学生掌握具体的写作方法。以专题课"不做旁观冷眼人——巧析鲁迅作品中的'看客'形象"为例,通过专题化的阅读、开放式的教学方法,让学生在阅读中,自主深入地分析鲁迅先生作品中的看客形象,从而掌握解读人物形象的方法,最终能运用人物描写的方法对人物形象进行刻画,以达到读写能力的提升。

(一)构建本专题的资源准备

为了让学生更好地掌握人物形象的分析和刻画,笔者建构了"人物形象分析"这一专题教学。初中语文里的人物形象专题有很多,比如父亲专题、母亲专题、小人物专题、名人专题等。结合教学学段的需要,为了更好地实现课外阅读与部编教材双线并行,我们将选取非常具有代表性的鲁迅先生的几篇文章,分别是《藤野先生》《孔乙己》《祝福》《药》《阿Q正传》。其中,《藤野先生》是部编教材八年级上册的一篇散文,文中的"看客"是鲁迅先生在日本求学时的真实见闻,可以说这些"看客"也是鲁迅先生弃医从文的关键人物。《孔乙己》是部编教材九年级学习的一篇小说,小说中咸亨酒店里嘲弄孔乙己的"看客"也是被刻画得淋漓尽致。《祝福》则是高中语文教材中的一篇小说,小说通过祥林嫂的遭遇,极尽地刻画了鲁镇那些冷漠麻木的"看客",以此揭示小说的主

题。结合学情和教学课时安排,前 3 篇文章将作为学生学习本专题的必读文本,《药》和《阿 Q 正传》作为本专题的自读文本。

在本专题的学习中,学会分析人物形象和深刻感悟作者的情感是学生必须完成的学习目标之一,从人物形象分析的过程中能运用人物描写的方法刻画人物形象是本专题的目标之二。所以,在整合以"看客形象"为专题的资源构建中,我们把鲁迅先生作品中具有共性的"看客形象"的作品整合成一个专题,学生通过分析"看客"的群像特点,具体掌握分析人物和刻画人物的方法,以达到读写结合的目的。

(二)开放式的阅读教学方式

初中生已经具备一定的阅读能力,但阅读水平有限,因此,在专题阅读的学习中,我们需在课前给学生准备相应的资料,如专题说明、文本导读、本专题的学习目标等,让学生在阅读文本时方向性更加明确。同时,也要舍得放手,给学生充分的阅读时间和空间,创造开放式的阅读情境和阅读方法。

如在"不做旁观冷眼人——巧析鲁迅作品中的'看客'形象"这一专题教学中,先有指向性地要求学生自读。自读这一环节,学生阅读时间的可控性强,如可以根据自身的阅读速度、水平等分配阅读时间;阅读环境的选择性多,可以选择学生自认为更适宜阅读的环境进行阅读,不再局限于课堂;可以对文本进行批注等。

在课堂深读这一环节,阅读方法也呈现多样化,如在本专题的教学过程中,学生以互助深读、角色扮演等方式,在模仿柳妈、鲁镇里喝酒的掌柜及短衣帮的语气和动作等,在课堂上本色出演了一个个"小看客",通过这样的方式,学生对"看客"这类群体有了更深的体会。

这种开放式的阅读,一方面解决了学生阅读方式单一的问题,另一方面,学生对文本能形成自我认知,同时能在与同学的合作探究中取长补短,在展示的环节能够充分展示自我,增强学生的表达能力和自信。整个学习的过程,都以学生作为主体,老师只起到一个引导和点拨的作用,充分调动学生阅读的积极性,实现了学生的主体地位。

（三）以"读"促"写"课堂教学

"不做旁观冷眼人——巧析鲁迅作品中的'看客'形象"这一专题的教学思路设计为"初识看客—再品看客—刻画看客"三个阶段。本专题预设集中教学时间为 5 课时，自由阅读时间为一周。基本流程如下。

1. 引导学生批注自读

学生按照老师给的文本导读要求，在文本上做好相应的批注。比如，3 篇文章里涉及的人物中，哪些人属于"看客"？作者是怎样刻画这些"看客"的？学生可以通过自己的阅读，有意识地去感知文本里出现的人物形象，给他们充足的时间去咀嚼文本，让他们能在 3 篇文章里，找出"看客"这一人物形象的某些共性（冷漠、麻木、自私等）。

2. 引导学生展开互助深读

在这一环节，充分发挥小组作用，学生需要与自己小组同学讨论看法，交换意见，取长补短，最终对"看客"形象有一个深刻的认识。在讨论中，有的学生还对"看客"的语言动作进行模仿、点评、赏析。例如，学生在分析《祝福》中的柳妈这一"看客"形象时，有学生会模仿柳妈的语言、神态，把人物的尖酸、冷漠表演得淋漓尽致，再比如，在《孔乙己》一文中，咸亨酒店里的看客们的"哄笑"，大声喧哗，这些人物的片段刻画，学生都能在课堂上重现情景，品析其人物描写的作用。由此，学生能从"看客们"的"挤""说""指点""叫喊""喝彩"中认识到，原来"看客"就是那一类喜欢咀嚼别人的痛苦、庸俗无聊、愚昧麻木之人，进而掌握如何运用人物描写方法、分析人物形象和刻画人物形象。当"看客"形象在脑海中形成一个鲜明的印象，学生自然就能理解鲁迅先生"凡是遇弱的国民，即使体格如何健全、如何茁壮，也只能做毫无意义的示众的材料和看客，病死多少是不必以为不幸的"这句话的深刻内涵，培养学生的自主意识、集体意识和爱国意识，升华学生的情感体验。

3. 专题写作，展示汇报

学生在学会运用人物描写分析人物形象后，展示汇报可以分为两个阶段。

第一阶段为课堂展示汇报。学生运用人物描写的方法,刻画身边的"看客"形象。在本专题的这一环节,我们结合社会常见现象,如"聚众围观跳楼事件"的漫画,如"扶不扶"的社会问题,让学生运用本专题所学知识对漫画中的人物进行刻画。一方面可以巩固学生课堂学习所得,另一方面能够很自然地由阅读延伸到写作。

第二阶段的专题写作以作文或感悟的形式呈现。如果以作文的形式呈现,则要求学生运用本专题中人物描写的方法,刻画某一人物形象,并力求形象鲜明。比如在半命题作文《××先生》中,学生的作文《孤独先生》就再现了现今社会中的"看客"形象,作文《"为啥"先生》则刻画了一个风趣幽默的老师形象,《艾钱先生》刻画了一个姓艾老头的吝啬鬼形象。以对专题感悟的形式成文,则有学生的文章《愿我们的眼睛都能看到慈悲》《身边的"祥林嫂"们以及"柳妈"们》,可见学生对专题的感悟之深,这不是传统的单篇课文教学可以实现的。

初中语文专题阅读开放式教学是一种科学有效的阅读教学方法,在专题阅读开放式教学中,充分体现了师生平等对话的民主教学特点,同时强调学生在学习中的主体地位,激发了学生的主动性和积极性。在阅读教学中,学生通过知识的整合和掌握,增强了运用知识的能力,进而提升了学生的写作水平。在专题阅读开放式教学视角下的读写结合教学策略的研究过程中,只要积极探索,勇于探索,实现专题阅读中的读写结合,定会有更加丰富和有效的"打开方式"。

九、专题化读写结合教学的推进原则

(一)基于专题内容构建读写结合教学目标

要想高质量地推进基于专题化阅读的初中读写结合教学,注意建构符合基于专题化阅读的初中读写结合教学目标。以"民间故事"专题教学为例,在深入分析教材的基础上,搭建实践框架,秉持梯度推进的原则,专门拿出一堂课的时间来,贯彻阅读开路,实施有效的课文资源整合,为推进整个基于专题化阅读的读写结合教学奠定基础。

制定教学目标如下:

应用学会的阅读策略熟读民间故事,掌握字词,把握故事内容,强化继承优秀传统文化的理念。

掌握和精通复述的基本方法,学会缩写、扩写、续写民间故事。

了解民间故事的人物形象、情感表达、语言风格等。

通过实施以上的步骤,升华了学生的文本阅读认知,实现了和专题阅读的学习相整合,教会了学生必要的阅读方法,为实施专题化教学提供了必要的抓手。

(二)对专题阅读文本进行整体把握

要想高质量地推进基于专题阅读的读写结合教学,应对专题阅读文本进行整体把握。以"民间故事"专题化教学为例:

从主题内容上看,本专题以阅读民间故事为主线,穿插了习作、交流平台、口语交际等多样化内容。专题从内容、组文意图以及专题练习等多个维度,为学生落实语文要素提供了实践基础。在此紧密对接专题教学内容,设计提炼"民间故事我阅读""民间故事我讲述""民间故事我分享"的学习任务群,确立"感受—认知—内化—实践—迁移"的专题教学逻辑主线,并在学习任务群中贯穿"通读—精读—悟读"的阅读策略。

1. 民间故事我阅读

引领学生阅读专题精读文本和略读文本,掌握故事特点,学习变换情节顺序等复述策略。并将"快乐读书吧"导读课提前,促使学生尽快习得必要的阅读策略。同时,将"交流平台"和"快乐读书吧"等的小贴士作为复述的重要例子,融合《梁山伯与祝英台》《白蛇传》等民间故事,引领学生进行比较阅读,提升了学生的阅读质量和效益。

2. 民间故事我讲述

设置从阅读到讲述,从内化到外显的训练框架。通过"读—讲—写",促进学生的内化升华。为此,引入"绘画故事连环画",助力学生提取关键信息,作为复述的凭借,这样既可以应用到口头复述,也可以用到书面续写中。

3. 民间故事我分享

搭建互动探究式学习平台,学生已经完成了对民间故事的阅读、感知。因此,设计若干探究任务,引领学生分组探究民间故事的人物塑造、语言风格等,释放学生的思维动能和思维潜能。

通过设置环环相扣、层层递进的学习任务群,学生完成了对民间故事的认知、体悟和升华,彰显出专题化阅读教学的独特生态。

(三)确立读写结合的教学视角

要想高质量地推进基于专题化阅读的初中读写结合教学,应确立好读写结合教学的教学视角。要清楚界定好基于专题化阅读的读写结合教学的定位,不能让基于专题化阅读的读写结合教学统治和驾驭课堂。要注意坚持"以老师为主导,以学生为主体"的基本策略和思路。推进基于专题化阅读的读写结合教学进行教学时,不是忽视和抛弃了传统的教学方式,而是深挖教材内容,注意对接学生的学情实际和认知加工特点,选择更加灵活高效的教学方式和教学策略。不能过度使用,也不能不使用基于专题化阅读的读写结合教学。对于情境式的教学内容,借助基于专题化阅读的读写结合教学,通过匹配声音和视频等,让学生了解教学内容的流变及脉络,进而深入地掌握文本知识点,培育和强化学生深度融入、勇于探究、乐于表达的习惯、意识和能力。

(四)以读促写,从阅读中积累写作素材

要想有效促进基于专题化阅读的读写结合教学,应以读促写,助力学生从阅读中积累写作素材。要和学生的生活实际相整合,引领学生面向阅读、融入阅读、贴近阅读、观察阅读,强化对生活的观察。注意教会学生阅读的方法技巧,强化学生积累素材的意识。此外,注意引领学生挖掘生活中的作文素材。在读写结合教学中,学生是基本主体,是建构主体,是认知主体,是发展主体,是责任主体,是教学主体。因此,要求老师引导学生在阅读中思考,在练笔中生成,助力学生建构写作的生活化思维和生活化认知。促使学生明确生活中蕴含很多写作素材,是写作的巨大宝库。促使学生明晰只有真正反映生活的写作才是优秀的写作,只有真正对接生活的写作才是高质量的写作。

例如,开辟读写结合教学的第二课堂,引导学生进入大自然,融入生活中去。老师带领学生进入学校周边的大自然,或者组织学生进行生活性调研活动。可让学生自由结成小组,发现和探寻自己感兴趣的生活素

材。如有的小组采集到了野花,有的小组采集到了各种不同的树叶,有的小组观察到了动物的生活痕迹并且进行了记录。老师在随后的读写结合教学中指导各小组自身观察自然、探究自然的实际情况,撰写探究报告。这样既激发了学生的写作兴趣和参与热情,又强化了学生的写作意识和习惯,发展了学生的写作自我。

(五)优化读写结合教学的评价机制

要想有效促进基于专题化阅读的读写结合教学,应注意优化评价机制,确立新的评价牵引。良性的评价体系,对于提升初中语文读写结合教学质量具有重要的助推作用和奠基效益。优化评价机制,能够体现学生学习的主体性,促使学生了解自身阅读及写作存在的痛点难点,得到有效及时的阅读及写作指导和点拨,有利于老师教授正确的写作方法和阅读策略。因此,老师要注意建构科学、动态的教学评价体系,给予学生评价的权利、空间和自由,激发学生的自信心、归属感和成就感,促进学生阅读及写作质量的提升。

(六)创设读写结合教学情境

良性的教学情境能为学生的阅读及写作活动提供情境引领和氛围支撑。专题化阅读读写结合教学的开展有其自身的逻辑机理,既要考虑学生的基本写作状况、阅读需求、写作情感特质等,还要深度挖掘阅读文本、写作素材的内涵,助力学生阅读策略和写作方法的掌握,这些都对老师的备课质量和备课能力提出了新的更高的要求。基于初中生特殊的认知加工特点和身心发展实际,要想提高学生参与读写结合教学的主动性和进取性、提升读写结合教学的质量,就要注意建构生活化、可视化、形象化的教学情境,"激发学生写作的内生潜能",完善学生的写作思维,发展学生的阅读能力。

例如,在引领学生进行以"我和传统文化"为主题的写作时,借助多媒体信息技术,为学生普及传统文化知识。然后,引领学生阅读有关传统文化的素材。通过这些素材来建构生活性问题,进而使学生形成目标驱动和认知引领。比如,传统文化有什么特点?我们应该怎样弘扬传统文化?引领学生进行分组探究,对学生适时点拨引领,为学生建构读写结合的写作情境,释放学生的写作动能,使学生可以把阅读素材有效地融入自身写作中,提高学生的写作质量。

(七)针对学情实施个性化指导

不同的学生个体,其阅读思维能力特点、写作思维发展取向、阅读思维发展水平等迥然不同。教学时要摒弃传统的一刀切、模式化的阅读及写作教学惯性和教学模式,注重因材施教,更加锚定学生的阅读痛点和实践难点,要坚持"以学生为本,读写结合"为目标追求的基本策略导向,这也符合新课标的本质要求。这有助于激发释放学生的主体阅读活力和主体生命活力,激发学生自主阅读的兴趣和欲望。

例如,在专题教学《背影》一文时,实行分层教学,对于接受能力较差、基础不牢的学生,要求其会读写基本生字,会注音,会组词;对于中等层次的学生,要求其正确朗读课文,能够体会作者对父亲的深情;对于接受能力较好、基础扎实的学生,要求其通过收集、整理、筛选信息,掌握行文脉络及作者的情感变迁;并以"我和父亲"为写作主题进行拓展训练,进而重塑学生的阅读思维,矫正学生的阅读深知,提升学生的阅读境界和写作水平。

此外,初中生有其特殊的认知加工特点和身心发展实际,基于教学实践,要对接学生的阅读需求,帮助学生排除阅读障碍,借助多媒体信息技术,注意发挥多媒体信息技术强大的互动优势和探究功效,把教学内容进行内涵化改造和探索化升级,为学生建构形象性、趣味性、情境性、生活性、内涵性的教学情境、问题情境和探究情境,能够使学生在不知不觉中受到阅读情境的浸润、写作策略的指引、阅读行为的优化,有利于克服和规避空洞的道德说教和死板的道德规约,使读写结合教学更具有弹性和开放性。

例如,在对《济南的冬天》及所在专题进行阅读时,借助多媒体信息技术,为学生播放庐山瀑布的视频,并制作有关济南冬天的微课,迅速吸引和锚定学生的学习注意力,释放学习兴趣和学习欲望,为学生建构可视化、形象化、直观化的教学情境、学习情境和探究情境,促使学生深度融入阅读教学中。

推进读写结合教学还要积极和学生的生活实际相勾连,注意引入学生熟悉的耳熟能详的阅读生活素材和阅读生活实例,注意弥合专题阅读教学和学生生活世界之间的鸿沟,密切阅读教学和学生生活世界之间的联系,疏通专题阅读教学和学生生活世界之间的堵点。例如,在推进《春》及所在专题的文本阅读时,用多媒体展现学生家乡春天的景象,激发学生的熟悉感和亲切感。接着用课件展现探究问题:"同学们,你觉得春天有什么特点? 作者是怎样描写春天的?"促使学生分组讨论、深度探究、有效表达,促使学生在探究中生成、在思辨中认知、在加工中归纳,为提升基于专题化阅读的读写结合教学质量奠定坚实的基础。

第 三 章

专题化阅读教学设计

第一节　专题化教学设计写法篇

一、用议论画龙点睛耀华章

——《说和做》《紫藤萝瀑布》
《藤野先生》《白杨礼赞》专题化阅读教学设计

【教材分析】

《说和做》《紫藤萝瀑布》《藤野先生》《白杨礼赞》这四篇散文分别来自部编版教材七下和八上,《说和做》是一篇感情充沛、语言精警的散文,主要通过描写关于闻一多先生"说"和"做"的几个生活片段,表现他作为学者和革命者的崇高品格和澎湃执着的爱国热情;《紫藤萝瀑布》通过描写紫藤萝瀑布的辉煌、藤萝的命运,感悟到生命的长河是无止境的,一时的不幸,个人的不幸,都不足畏,人生也应该是豁达的、乐观的、奋发的、进取的;《藤野先生》这篇回忆散文,记叙了作者留学日本时的生活片段,赞扬了日本学者藤野先生的正直、热诚、认真负责,没有狭隘的民族偏见,并表述了作者的爱国情感;《白杨礼赞》以赞美白杨树的不平凡为抒情线索,歌颂了北方军民团结抗战、奋发向上的精神品质,进而歌颂了整个中华民族的精神品质。

【学习对象】

九年级学生。

【学情分析】

优势:九年级学生有一定的阅读体验,能掌握如朗读、默读、批注阅读等基本的阅读方法;具备一定的语文能力,能概括文章内容,掌握常用的语文知识如修辞作用、表达方式运用效果、一般表现手法作用、字词句的含义分析等;对各类散文有一定的阅读体验,基本掌握散文形散神聚的特点;对专题所选文本均不陌生。

不足：对散文形散神聚的特点掌握不透彻，散文阅读停留在感情的领会，对具体的表现技巧领会不到位，没有足够的信心迎接中考；学生总体阅读量过少导致学生语言感悟能力差、阅读速度慢；缺乏正确的阅读方法指导，失去阅读兴趣，没有养成阅读习惯；长期被动地接受教师对文本的分析理解，导致无积极主动的学习意识。

【设计意图】

本设计将教学的切入点定在"散文中议论的表达作用"上，以此为线索，将四篇散文整合成一个散文阅读专题，然后围绕这4篇散文的串联点"文中均穿插了议论的表达方式"开展专题阅读教学。让学生通过学习，深入、系统地理解散文中运用议论表达方式的作用。由于是中考备考复习课，四篇散文学生都学习过，本节课内容设计的目的，一方面是培养学生快速阅读的能力，另一方面，以此专题为点，再整合课外阅读篇目，增加学生的阅读量，培养学生运用知识的能力。

本设计的创新之处是运用专题化教学策略开展教学活动。利用专题化教学以教材中的某个教学点为中心，选入并整合大量与专题学习相关的阅读文本，形成专题学习课程，并指导学生自主分析研究专题内容且形成自己的独特观点，开展语文教学活动。其教学效果表现在它打破了单篇阅读的局限，引导学生学会以点带面，走出现行教材，突破一学期一本语文"教科书"的藩篱；让学生学会在同一专题内获得方法，学会阅读，学会表达，提高阅读速度，增加阅读量，提高阅读兴趣；能系统地深入学习巩固语文知识，强化语言训练，读写双促，提高学生的语文素养。

开展阅读专题化教学模式的核心基础，是确定好专题文本的组织线索，即将专题内所有文本串联起来的"焦点"。"焦点"是专题选文的依据和关键之处，也是专题的主要学习内容，只有确定好专题焦点，才能明确学习目标，有效展开教学。

【专题说明】

本专题设置的学习任务是"议论在散文中的表达作用"。散文中的议论句一般是记叙内容的中心，是揭示具体事物所具有的思想意义的话。掌握议论句在散文中不同位置的作用，可以帮助读者理解作品的结构思路，特别是理解作品的主题思想。本专题选入的作品均在文中运用了议论句，且作用明显，作品有统编教材内的，也有课外的，共11篇。本节课选择《紫藤萝瀑布》《白杨礼赞》《说和做》《藤野先生》共4个文本进行教学展示。

专题学习的总体流程为"指引导读—批注自读—互助深读—专题写作—展示汇报"五个部分,课堂展示为总流程的第三步"互助深读",在此之前,学生对文本的阅读至少安排有 6 个课时,学生对文本的掌握程度需能准确地概括出文本的主要内容,能把握文本主题思想,能大致感知文本的语言特点、表达技巧等。

【教学思路】

本节课以"开放式"为教学的设计初衷组织课堂学习。教师先在课前预设学习目标即"议论在散文中的表达作用",课堂上引导学生根据专题文本自拟学习议题,教师再根据学生所拟议题引导确定学习任务。以"开放式"形式让学生确定议题,可以帮助教师了解学生掌握语文知识、学习内容兴趣、对文本把握程度等情况,便于教师教学有的放矢,教学有针对性。

【学习目标】

1. 通过再次阅读文本,进一步感悟 4 篇散文的思想感情,掌握散文的特点。

2. 理解议论在散文作品中的表达作用,并能理解分析此类写作手法。

【学习重难点】

理解议论在散文作品中的表达作用,并能理解分析此类写作手法。

【教学方法】

本设计遵循新课标倡导的"自主、合作、探究"的学习方式,综合运用朗读法、比较法、自主批读法、互助释疑法、成果展示法等来开展专题阅读学习。

【学习准备】

1. 收集本专题 4 篇文本资料。

2. 熟读 4 篇课文,熟悉课文语言特征。

3. 分成每 6 人一组的多个学习小组。

【教学时间】

1 课时。

【教学过程】

活动一:阅读文本,确定议题

今天,请同学们帮老师解决一个难题。老师想找一根纽带,将《紫藤萝瀑布》《白杨礼赞》《说和做》《藤野先生》4 篇课文整合成一个专题,这根纽带必须要与 4 篇课文有关联。请你帮帮忙。

1. 教师展示专题课文,学生快速阅读,然后小组交流讨论,最后小组派代表将阅读成果"专题焦点"展示在小黑板上。

教师活动:巡视各小组交流情况,掌握学习动态。

学生活动:交流讨论,发表观点,进行展示。

2. 小组派代表阐述理由。

教师活动:先综合看各小组展示的焦点,确定展示形式、内容及时间。

学生活动:焦点相同的小组以抢答形式来展示阐述理由,不相同的小组依次展示。

3. 结合各小组意见,最终确定出本专题焦点——散文中的议论句。

教师活动:引导感知议论在文学作品中的作用,明确议论句一般在文学作品中经常会起到画龙点睛的作用,有时精辟的议论还会为文章的语言添姿加彩。由问题引出对"议论"的温习:

咱们来回忆一下,议论属于语文知识中的哪个范畴?

用自己的话来说说什么是议论?

学生活动:自主思考,小组交流。

教师明确议论是对某个问题或某件事进行分析、评论,以此表明自己的观点、立场、态度、看法和主张。在记叙中,抒情和议论常常是并存的,议论的时候会有感情的流露,抒情的时候往往也同时伴有作者的看法,这时,议论和抒情就融为一体,很难截然分开了。

(设计意图:教师先不明确专题学习目标,课堂上先引导学生根据阅读专题文本体验,小组合作设定专题组织线索。学生会充分调动知识储备,积极寻找 4 篇散文的关联点,在此过程中既实现对旧知识的温习,又能培养学生思维能力、交流能力、探究能力等。学生将所有想到的焦点进行展示后,教师再引导确定本专题的焦点即学习任务"议论在散文中的表达作用"。以"开放式"形式让学生确定议题,可以帮助教师了解学生掌握语文知识、学习内容兴趣、对文本把握程度等情况,便于教师教学有的放矢,教学有针对性。)

活动二:研读焦点,感悟作用

1. 快速阅读 4 篇散文,分别勾画出 4 篇文本的议论句,明确其在文中的位置。

《紫藤萝瀑布》:"花和人都会遇到各种各样的不幸,但是生命的长河是无止境的。我抚摸了一下那小小的紫色的花舱,那里满装生命的美酒酿,它张满了帆,在这闪光的花的河流上航行。它是万花中的一朵,也正是由每一个一朵,组成了万花灿烂的流动的瀑布。"

文中位置:文章结尾处。

《白杨礼赞》:"白杨不是平凡的树。它在西北极普遍,不被人重视,就跟北方农民相似;它有极强的生命力,磨折不了,压迫不倒,也跟北方的农民相似。我赞美白杨树,就因为它不但象征了北方的农民,尤其象征了今天我们民族解放斗争中所不可缺的朴质、坚强、力求上进的精神。"

文中位置:文章结尾处。

《说和做》:"做了再说,做了不说,这仅是闻一多先生的一个方面,——作为学者的方面""闻一多先生还有另外一个方面,——作为革命家的方面""这个方面,情况就迥乎不同,而且一反既往了""闻一多先生,是卓越的学者,热情澎湃的优秀诗人,大勇的革命烈士""他,是口的巨人。他,是行的高标。"

文中位置:文章中间和结尾处。

《藤野先生》:"东京也无非是这样""大概是物以稀为贵罢""中国是弱国,所以中国人当然是低能儿,分数在六十分以上,便不是自己的能力了:也无怪他们疑惑""他的对于我的热心的希望,不倦的教诲,小而言之,是为中国,就是希望中国有新的医学;大而言之,是为学术,就是希望新的医学传到中国去。"

文中位置:文章开头和中间处。

学生活动:阅读课文,自主批注,与小组成员交流,互助补充,展示汇报。

教师活动:全班巡视,适时指导。

2. 师生深入研读文本中的议论部分,感知议论表达效果。

《紫藤萝瀑布》中议论作用:画龙点睛,突出中心,揭示对生活的感悟。

《白杨礼赞》中议论作用:画龙点睛,揭示中心,揭示景物寄寓的情感。

《说和做》中议论作用:叙议结合,过渡有力,结构严谨;结尾点题。

《藤野先生》中议论作用:引出下文,过渡,画龙点睛,使主题更鲜明。

学生活动:概括文章内容,比较阅读,感悟效果,与小组成员交流、互助释疑,请教教师,展示汇报。

教师活动：观察学习效果，选篇精讲，引导运用、适时点拨。

（设计意图：先让学生通过快速阅读文本勾画出议论句，再引导学生深入研读议论部分，感知议论表达效果。这样安排，由浅入深，循序渐进。要求学生在单位时间内完成对 4 篇文本的阅读，有意识地加强了学生对阅读速度、阅读量的重视。安排小组讨论和展示，充分调动学生的学习主动性和参与欲望。）

活动三：归纳总结，深入感知

总结归纳议论句在散文中不同位置的作用，明确记叙中适当地穿插一些抒情和议论句，是一种极好的点染。

用在开头：统领全文；点明中心，使文章主题得到鲜明表达；引出下文；有的首尾呼应。

用在结尾：点明中心，起画龙点睛作用；深化主题，揭示事件所包含的意义、道理以及对生活的启示；有的首尾呼应。

用在文中：承上启下，起衔接作用，加强上下文联系，使文章结构严谨；叙议结合时，还有点明主题的作用。

散文中的议论句一般就是记叙内容的中心，是揭示具体事物所具有的思想意义的话，所以在归纳中心思想时，要注意抓住议论句，通过议论句来看作者对所写事物的评价，这是了解文章主题思想的重要途径。

学生活动：与小组成员交流学习收获，以小组为单元抢答议论在作品中不同位置的作用；大声朗读总结的成果。

教师活动：适时点拨。

（设计意图：总结环节的设计，进一步帮助学生聚拢思维，深入理解议论的表达作用。抢答形式的设计，充分调动学习氛围，扩大学生参与率。）

活动四：拓展运用，读写提升

1. 快速阅读下面文本，找出文中的议论句，并根据议论句的提示快速归纳文章的中心主题。

弱种子也要发芽

刘克升

开阔、坦荡的田野里，一位农民正在种高粱。他把那些瘪种子一一挑了出来，只拣饱满的种子种到地里。

这时，一位到乡下游玩的城里人，带着儿子路过这里。城里人的儿子第一次看到有人种庄稼,感到非常新鲜,拽着父亲停了下来,目不转睛地盯着农民的一举一动。

城里人的儿子把嘴巴附在城里人耳边,父子俩嘀嘀咕咕了半天,不知在说些啥。

不一会儿,城里人靠近农民身边,小心翼翼地恳求说:"那些瘪种子,你把它们也种到地里好吗?"

农民摇了摇头,果断地说:"不可以!我指望着庄稼吃饭呢,瘪种子长出的庄稼怎么能保证产量?"

城里人回头望了儿子一眼,沉默了起来。半晌,他以极其隐蔽的动作,掏出一张百元钞票,悄悄塞到农民手中,压低声音说:"因为一场医疗事故,我儿子的两个耳朵听力严重受损,非要附耳说话才能听清。在同龄的小朋友面前,他总是感到自卑。今天,他看到了那些被你抛弃在一边的瘪种子,感到很难过,……所以,我希望你把那些瘪种子也种到地里,给我儿子一次鼓励、一个希望。这一百元钱,就算是对你播种瘪种子造成减产的补偿吧。"

农民听了,心中一热,忙把百元钞票推了回去,毫不犹豫地说:"这钱我不能收!我这就把那些瘪种子种到地里去!你去告诉你儿子,我要把它们种在最肥沃的地段,因为它们发芽的欲望最强烈,我对它们的期望也最高。"

城里人把农民的话告诉了儿子。儿子的眼睛像雨后的两片绿叶,立刻鲜亮了起来。

这双灵性飞舞的眼睛,触动了农民的心事,他抹了一把眼角的泪水,抓起了那些瘪种子。城里人和儿子开心地笑了。等他们一离开,农民马上收拾家什,急匆匆向家里赶去。农民家中,有一个因车祸失去双腿的儿子。以前,他一直认为残疾儿子是一个废物,就老是把他关在家中,不许他出门。

现在,农民改变了想法。

"再弱的种子,也要发芽;再嫩的幼苗,也渴望长大!"作为一名种地的老把势,这个道理,他懂!

2. 请在下面这段文字中寻找一个合适的位置,补写一段议论语句,发挥议论句画龙点睛耀华章的作用。

为爱种一片森林

在法国南部马尔蒂夫的小镇上,有一位名叫希克力的男孩。在他16岁那年,与他相依为命的父亲不幸患上了一种罕见的肺病。希克力陪父亲辗转各大医院,医生们都束手无策,只是建议说:"如果病人能生活在空气新鲜的大森林里,改善呼吸环境,或许有一线生机。"但这到底有多少希望,他们也不清楚。

遗憾的是,希克力的父亲身体已经非常虚弱,无法忍受长途旅行去有森林的地方生活。看着父亲的病越来越重,希克力心急如焚。突然,他灵机一动:"我为什么不自己种植一些树呢?等这些树长大了,也许父亲的病就真的好起来了。"

父亲听说儿子要为自己种树后,很是感动,苦笑着对希克力说:"我们这里缺少水源,气候干燥,土壤贫瘠,让一棵树存活谈何容易?还是算了吧!"但希克力还是暗暗下定决心,一定要在自己家门前种出一片茂密的树林来,因为这是唯一让父亲的生命得以延续的方法。

从此,希克力攒着父亲给他的每一分零花钱,有时早餐都舍不得吃,周末他还到镇上卖报纸和做些小工。攒了一些钱后,希克力就乘车到200多英里外去买树苗。

希克力在自家门前挖坑栽培,吃力地提着一桶桶水灌溉树苗。由于当地干旱少雨,土壤缺乏养分,大部分树苗种下后很快就枯死了,侥幸活下来的几株也显得营养不良,长得歪扭瘦小。镇上的很多人都劝希克力放弃这个"愚蠢"的想法,但他总是一笑了之。

一年又一年过去了,希克力种的树苗越来越多,许多树苗已渐渐长高长粗。希克力经常搀扶着父亲,去散发着草木清香的树林中散步,老人的脸上也渐渐有了红润,咳嗽比以前少多了,体质也大为增强。

此时,再也没有人讥笑希克力是疯子了,因为所有居民都目睹了绿色树木的魔力,树木带来了新鲜的空气,引来了歌唱的小鸟,小镇变得越来越美丽了。

医学专家对希克力父亲再次诊治时发现:老人身上的肺部病状已经不可思议地消失了,他的肺部如同正常人一样。

学生活动:阅读文本,自主思考,小组交流,展示汇报。

教师活动:观察效果,纠正点拨。

(设计意图:练习设计紧紧围绕专题焦点设定,加深学生对专题学习的掌握。完成练习需阅读文本,又再一次扩大学生的阅读范围,增加了学生的阅读量。)

【教学反思】

本堂课采用专题化的形式开展教学,最大的收获在于:

一是学生系统、深入地理解了议论这一表达方式在散文作品中的作用。教学中,学生都是围绕同一目标"议论在散文中的作用"展开阅读,目标精简、明了,学习指向性强;4篇文本分别从不同角度展示了议论的作用,学生多角度学习,便于理解;练习设计紧紧围绕学习目标设置,针对性强。

二是学生在单位时间内的阅读量增加,阅读速度提高。开展专题学习的前提是学生必须熟读文本,达到概括文本内容的程度,而本专题含4篇文本,要完成学习任务,需要学生在规定时间内将4篇文本读完,这就自然增加了学生的阅读量;学习以小组形式开展,学生个体要融入小组学习,必须有自己对文本的阅读体验,在课堂时间内完成文本阅读,这对学生的阅读速度提出了挑战。学生不想被小组忽视,就会主动加快阅读速度。

三是学生的学习自主性加强,阅读兴趣得到激发。专题化阅读教学更多关注学生的阅读体验,肯定学生对文本的独特感悟,学生在小组学习中可以自由畅谈对文本的解读;小组学习规则要求人人参与交流,学生须有对文本的阅读才能参与活动;专题学习目标精简单一,容易达成;课堂上教师更多关注学生的参与性,各个环节设置的成果展示,极大地激发了学生的表达欲望。学生的学习主动性、阅读兴趣、自信心、表达能力等均得到提高。

运用专题化开展阅读教学,打破了单篇阅读的局限,引导学生学会以点带面,突破了一学期一本语文"教科书"的藩篱,让学生学会在同一专题内梳理理解散文中议论这一表达方式的作用。课堂上教师精讲结合学生的互助释疑完成专题的学习,教师教授内容要少而精,以便留给学生更多的阅读时间,让学生运用学到的方法去自主阅读与专题文本相关的更多课外篇目。

二、于形散处悟神聚

——《背影》《白杨礼赞》《昆明的雨》专题化阅读教学设计

【专题说明】

本专题所选散文是八上第四单元 3 篇散文,《背影》写人记事、《白杨礼赞》托物言志、《昆明的雨》写景抒情,这 3 篇散文分别展示了丰富多彩的自然景象和社会生活。散文是一种抒发作者真情实感、写作方式灵活的记叙类文学题材,根据内容的不同,可以分成叙事散文、写景散文、抒情散文和哲理散文等。

【学习目标】

1. 了解不同散文特点,培养阅读和鉴赏散文的能力。

2. 了解散文形散神聚的特点,品味精炼、优美的文学语言。

【学习重点】

了解散文形散神聚的特点,品味精炼、优美的文学语言。

【教学过程】

导入——"形散神聚"是散文的重要特点。"形散"主要表现在材料的选用、材料的组织和表达方式的运用这些外在的形式上。"神"是指文章的灵魂、统帅,驾驭着看似散的"形",并使之为"神"服务。(议论与抒情一般相生相成,议论由情而生,议中含情。)

第一步:阅读散文,批注"形散"

自主朗读 3 篇散文,批注出每篇散文中的"形散"内容。

第二步:编写专题名,明确赏析点

1. 自主思考:为自己喜欢的课文或比较有心得的"形散"内容拟写一个专题名称。

2. 组内交流:将自己拟写的专题名先与学友交流,再在组内交流。

3. 小组展示:各小组讨论归纳出两个专题名并派代表进行展示。

编写提示:专题名称可以用散文的类型命名如"写景抒情";可以用文章运用的表现手法命名如"烘托";可以用文章运用的修辞命名如"比喻";还可以用文章中的"特别标点""特殊词性""材料选择""表达方式""句式特点""标题特点""语言特点"等来命名。

第三步:赏析感悟,理解"神聚"

1. 小组讨论:各小组讨论明确拟写专题名的意图。

2. 展示交流:各小组派代表进行口头展示。

要求：所表述的理由要与课文的主题有联系。

3. 教师补充：教师根据学习目标补充强调。

（你看老师拟写的标准有哪项是同学们没想到的？来帮老师说说为什么要这么定？）

文本	专题名称	设置意图
《背影》	反语突出真感情	表达对父亲临行前的细心关照中所蕴含的爱子之心不理解的追悔和自责的感情，突出"我"对父亲的爱
	衣着描写有深意	呼应家境惨淡，衬托父亲买橘的感人举动，从而表现父亲对儿子无微不至的爱
	动作刻画显真情	表现父亲爬上月台的艰难，难中见深情，表现父亲对儿子深挚的爱
	小小副词意蕴深	突出父亲处境的艰难；爱子心切。突出对儿子的爱
	……	
《白杨礼赞》	巧用烘托凸精神	为白杨树的出现铺垫、蓄势
	对比更显不平凡	突出白杨树的质朴与坚强
	借用象征表感情	借赞美白杨树来赞美与日寇作殊死战斗的广大西北军民，讴歌他们的顽强意志和坚强精神
	欲扬先抑显惊奇	为其出场蓄足气势，突出白杨树精神风貌
	小小议论耀华章	开头直接入题，表达主旨，总起全文，承上启下，照应开头，再次点题
	反问连用达高潮	层层揭示白杨树的象征意义，赞美之情达高潮
	……	
《昆明的雨》	写景抒情是名篇	通过描写昆明的雨和雨季中相关联的景、物、人、事，抒发出对昆明生活的喜爱与想念之情
	形散神聚最突出	写景、写物、写事，所写之杂，贯穿在"对昆明生活的喜爱与想念"这条感情线索中
	首尾呼应紧篇章	文章用"我想念昆明的雨"开篇点题，引出下文，又用"我想念昆明的雨"收束全文，点明中心，照应开头
	感情线索大作用	文章信笔而写，无拘无束，看起来"散杂"的素材被"对昆明生活的喜爱与想念"这条感情线索聚拢
	……	

第四步：拓展运用，深入感知

1. 小组合作：

你能找到让这3篇散文（或其中两篇）放在一个专题内的点吗？如："形散神聚""反问句""标题即线索""首尾呼应""穿插议论"。

请把我们已经学过的这几篇散文放进相应的专题中。

《藤野先生》《回忆我的母亲》《阿长与〈山海经〉》《老王》《叶圣陶先生二三事》《紫藤萝瀑布》《说和做》《一颗小桃树》《春》《济南的冬天》《秋天的怀念》《从百草园到三味书屋》《走一步，再走一步》《雨的四季》

2. 小组展示：以竞答形式展示成果。

第五步：回顾总结，巩固提升

小组展示：将本节课所学内容与学友进行交流，并在组内或班上展示收获。

第六步：写作训练，检验成果

1. 自主习作，课外完成：从下面事物中或从自己周围的事物中任选一种，运用象征手法写一段话。

蓝天、大海、牡丹、杨柳、月亮、落叶、梅花、老黄牛、鹰、荷花、蜡烛、小草、翠竹……

2. 小组合作，课堂操练：为下面这段文字补写一段议论语句，让文段的中心内容变得鲜明起来。

心若向暖，一路无寒

埃文小时候因家庭变故遭受了巨大的打击，开始自暴自弃，他染上了毒瘾，吸毒让他身无分文，以致成为一名流连在街头的卖艺者。然而幸运的是埃文遇上了好心的戒毒所医生瓦尔。

居无定所的埃文在瓦尔的帮助下拥有了一间属于自己的破旧公寓，但是就算是这般依旧让埃文分外感激，在公寓里埃文遇见受伤的小猫鲍勃。他们在遇见的日子里彼此依赖，成为彼此的伙伴。虽然经历了诸多的艰辛，但在彼此的陪伴下终究走向充满希望的光明大道。

最终埃文成功戒掉自己的毒瘾，成为一个正常人，他收获了他期待已久的重生，尊重，亲情，友情，甚至是爱情。在艰难的日子里，鲍勃是埃文源源不断的动力，以及无法抗拒的温暖，那份温暖让埃文心中生出抵抗一切痛苦的勇气。

（爱与温暖,总会带我们从黑暗的世界里离开,当我们内心怀着无比的温暖时,即使是在寒冬依旧能够一路无寒。人生在世不称意,总会有些风雨同行,不断去摧残内心的柔弱,然而心若向阳,何惧忧伤? ）

三、人间花木,各赋情志

——《紫藤萝瀑布》《一棵小桃树》《生命赋》
托物言志专题化阅读教学设计

【专题说明】

《紫藤萝瀑布》《一棵小桃树》《生命赋》这3篇文章都有一个共同点,那就是都运用了托物言志的写作手法。将3篇文章组合成小专题进行教学,便于学生深入掌握托物言志这一艺术手法。

《紫藤萝瀑布》一文以紫藤萝花为中心,作者用细腻的笔墨描绘了紫藤萝花今盛夕衰的命运变化,着力描绘了紫藤萝如今开得繁盛、充满生气的特点,引出作者对生命的特别感悟:对生命的美好保持坚定的信念、豁达的胸襟。《一棵小桃树》通过比较小桃树的成长和"我"的经历,借小桃树的顽强生长,抒发自己面对困难和磨难,要顽强斗争、不懈追求。《生命赋》这篇文章,则通过对柳芽、棉芽、豆芽、花蕾这些细微而不显眼的植物能够破土而生,怪柏奇松、骆驼草、苔藓能在条件极端恶劣的环境顽强生存的内在品质,悟出要珍视生命,要顽强追求,努力展示生命的光彩这一人生哲理。

【教学目标】

1. 通过文本的阅读,品读文中的"物"的主要特点。

2. 探究托物言志文章中的"物"与"志"是如何建立联系的。

3. 学会运用托物言志的写作手法。

【教学重点】

探究托物言志文章中"物"与"志"是如何建立联系的。

【教学难点】

尝试运用"托物言志"的写作手法。

【教学准备】

师:3篇阅读文本资料,教学PPT。

生:阅读3篇文本,完成预学案。

【课时安排】

1 课时（45 分钟）。

【教学过程】

导入新课——出示陋室、莲花的图片。

师：看到图片中的陋室和莲花，你想到什么人，或想到与这两物有关的什么精神、情感呢？

生：（回答。）

师：对的，这是我们在之前学过的两篇古文。这两篇文章，分别通过陋室和莲花表达作者某一方面的情感和志向。这节课，我们再来阅读一组文章，来看看这组文章又是如何状物写志的。

活动一：共读一篇，打开思路学方法。

1. 共读一篇，打开思路学方法。

托物言志，重点放在哪两个字上？

（明确：“物”和“志”。）

学习此类文章，我们首先就是找，找什么？找“物”。

（明确：藤萝花。）

其次，这个“物”与作者要言的“志”一定有一个共通之处。所以第二步，我们要品读“物”有何特点。

（明确：由衰转盛的，生长繁盛、茂密、美丽、生机勃勃。让学生找出花盛开特点的语句。）

接下来的第三步，就是析，析什么呢？从物的特点分析其品格或神韵。

（明确：之前的藤萝花东一串，西一穗，伶仃，稀落；现在繁盛、茂密、充满生机；可见，藤萝花对生命美好的热情和执着，它们坚强、豁达，对生命怀着感激和美好的信念。）

第四步，我们要“悟”。悟什么？所托之物的品格特点，便是作者要抒发的志向（情感）。

（明确：作者从中悟出了“花和人都会遇到各种各样的不幸，但生命的长河是无止境的”。由此寄托了自己对生命的美好要保持坚定的信念和豁达的胸襟。）

小结：《紫藤萝瀑布》借藤萝花的际遇，来表达自己对生命美好的向往和深切的感悟，这样的写作手法，我们叫作“托物言志”。托物言志，就是作者借助某一事物表达自己某一方面的情感、志向、爱好、愿望、感悟等。学习这类文章，我们可以用刚才分析的方法来进行品读：

找——物；看——特点；析——品格情感；悟——所言之志。

活动二：再读两篇,加强理解方法。

学生独立阅读《一棵小桃树》,感知文本内容,想想这 3 篇文章在写作手法上有什么共同点？

（明确：内容上：都是写物；思想感情表达上：都是通过写物来表达作者对生命的感悟。）

学生细读《一棵小桃树》,根据所列表格,完成表格空缺部分。

文本	找所托之物	看物之特点	析物之品格	悟所言之志
《紫藤萝瀑布》	藤萝花	由衰转盛：稀落、伶仃——繁盛、茂密、生机勃勃	坚强、豁达；对美好生命的执着与追求	热爱生命、保持对美好的坚定信念和豁达胸襟
《一棵小桃树》	小桃树	纤弱,没出息	顽强、坚韧不拔	不屈不挠、不懈追求

明确：找物——小桃树。

品特点：由种子长出来、纤弱、无人看中、没出息、遭受风吹雨打（生长经历如何）。

析品格：顽强斗争、不懈追求。

悟所言之志：小桃树的坎坷经历,也正是作者及他们所处同一时代的人的经历,但他仍像小桃树一样,历经人生的风雨,也依然不屈不挠,对梦想执着追求,坚信终会开花结果。

文本	找所托之物	看物之特点	析物之品格	悟所言之志
《紫藤萝瀑布》	藤萝花	由衰转盛：稀落、伶仃——繁盛、茂密、生机勃勃	坚强、豁达；对美好生命的执着与追求	热爱生命、保持对美好的坚定信念和豁达胸襟
《一棵小桃树》	小桃树	纤弱、没出息	顽强、坚韧不拔	不屈不挠、不懈追求
《生命赋》	巨树、草原、森林、庄稼、鲜花	强大的、茂盛、美丽、富有生机	博大的生命力努力展示生命的风采	珍视生命,尊重生命,要顽强追求、努力展示生命的风采
	柳芽、棉芽、豆芽、花蕾	细微、不显眼、生命力强	勇于突破对生活满怀希望	
	怪柏奇松、骆驼草、苔藓	生长环境恶劣、斑痕累累	坚韧不拔不懈追求	

2. 自读《生命赋》,用所给方法完成表格。

明确:找物——(物多且杂,需要学生进行分类)。

品特点:旺盛的、茂密的、细微不显眼的、生长环境恶劣的。

析品格:努力展现美好、勇于突破、坚韧不拔、不懈追求。

悟所言之志:结合文题,作者从一草一花一木中,悟出了人生定要珍视生命、尊重生命、努力拼搏,展示生命的风采。

归纳小结:学到这里,我们发现,托物言志文章的"物"与"志"的联系点,就是学会分析"物"的情志与所言之"志"是相通的。我们把这节课学到的方法再梳理一遍:一找二品三析四悟。现在同学们利用这节课学到的托物言志手法,练一练笔。

活动三:写作深化,交流方法

大自然中的一草一木都承载着生命,都会牵动着我们的情弦。请选择其中一幅图或者选取大自然或生活中你所熟悉的某一事物写一段话。

要求:

运用托物言志的写作手法。

状物之美,描物之情态,绘物之神韵,联想自然,情感鲜明。

可以运用修辞手法。

【课堂小结】

这节课我们一共学习了 3 篇文章,都用托物言志的写作手法来表达对坚韧不拔、勇于突破、豁达乐观的生命的赞颂。所以,美丽的东西不仅需要用眼睛去看,更要用内心去感受,也愿同学们能用一颗执着坚韧的心,去涉足你们的梦想,获取一个丰盈充实的人生。

四、插叙的作用分析

——《从百草园到三味书屋》《羚羊木雕》《爸爸的花儿落了》
专题化阅读教学设计

【专题说明】

本节专题阅读课采用的 3 篇文本选自"插叙"专题阅读库,《从百草园到三味书屋》源自统编教材七年级下册,其他两篇《羚羊木雕》《爸爸的花儿落了》源自课外读本。这 3 篇课文都属于记叙性文章,运用不同的方法引入了插叙的内容,使文章波澜起伏,结构富于变化,更好地凸显了文章主题。学生将在这一专题文章的引导下,系统学习插叙的运用方法。

【教学目标】

1.掌握插叙的作用和运用方法。

2.学会运用"圈点批注法"阅读文本,体会插叙在文中的作用。

3.培养学生阅读和写作的兴趣。

【教学重点】

掌握插叙的运用方法,体会插叙的作用。

【教学难点】

运用学到的知识和方法进行写作。

【教学时间】

1课时。

【教学过程】

导入新课——以小组汇报的形式检查学生的初读情况,导入新课。

任务一:了解作家作品,口述文章的梗概。

任务二:《从百草园到三味书屋》《羚羊木雕》《爸爸的花儿落了》这3篇课文插叙的内容在哪几个自然段,请分别用笔画出来。

第一步:聚焦重点,渗透方法

问题一:这3篇课文中插叙的部分在文中起什么作用? 请找出来与同学交流。

《从百草园到三味书屋》这篇课文的第一部分"百草园"中就穿插了一段"美女蛇"的故事。鲁迅在描写时,生动形象地表现了百草园活动内容的生动性和丰富性,从而写出了"我"留恋百草园的原因。鲁迅用了转述式插入法引入插叙。

《羚羊木雕》一文中万方拿自己的新裤子换"我"的破裤子,是上星期的事;送羚羊木雕,是昨天的事;逼"我"要回木雕,是今天的事。作者从妈妈的追问"那只羚羊木雕哪儿去啦"写起,一开头气氛就很紧张,紧紧抓住了读者的注意力。和妈妈的争辩结束,便穿插上星期体育课发生的事情和昨天送羚羊木雕的事情,这一插叙,交代了"我"和万方的友谊是十分深厚的,使文章的情节更紧凑,中心思想表现得更为深刻。这篇课文运用直述式插入法引入插叙。

《爸爸的花儿落了》一文也是如此,文章随着主人公起伏的思潮,时而写眼前事,时而回忆往事,使文章显得波澜起伏,跌宕有致。当然,作者每次回忆往事,都是由眼前的事引发的。文中有现实,有回忆,用现实引出回忆,其中很多回忆又与父亲的话语有直接联系,内容丰富而不拖沓,时间交错而不凌乱,让父亲这一人物形象鲜明,给人留下深刻印象。这篇课文运用联想式插入法引入插叙。

(设计意图:给予学生充分的交流时间,教师巡视点拨。学生汇报成果。)

第二步:掌握知识,强化方法

问题二:在你所阅读的这些作品中,你认为哪一篇课文中插叙的内容写得最好?作者用了什么样的方法引入插叙的内容?

学生思考交流,各抒己见。

第三步:展示汇报,总结方法

小组交流,总结出运用插叙的方法及作用,教师进行归纳。

第四步:学以致用,专题写作

师:PPT展示场景:我的爸爸是一个既让我害怕,又让我喜欢的人……

生:5~8分钟写作100字左右的小片段,学生相互评阅,最后进行全班展示,教师适时点拨。

第五步:教师总结

这节课,我们学习了插叙的作用及方法,掌握了圈点批注的阅读方法,我们可以运用以上方法继续指导我们课下的阅读,可以运用插叙的知识帮助我们写出更精彩的文章。

【教学反思】

插叙的专题阅读教学,开辟了一种新的教学道路,学生乐于学,教师乐于教,学生在语文知识的学习和运用上,是双丰收。实践证明,在初中语文的阅读教学中,运用专题阅读教学的方法,使学生通过掌握整体性阅读的方法,养成良好的阅读习惯,提高对语言的理解、运用能力,培养创新意识,也可以摆脱厌学的状态,纠正学生们的学习态度,从而提高学习效率。

五、运用写作技巧,刻画人物形象

——《老王》《背影》人物形象分析专题化阅读教学设计

【专题说明】

本专题从"人物形象分析"专题阅读库中选取了两篇课文,分别是七年级下册的《老王》、八年级上册的《背影》。把这两篇课文作为重点研读的内容,这两篇都是名家散文,文中的人物形象鲜明,作家刻画人物手法各异,从不同角度展示了人物描写的方法。学生将在这两篇文章的引导下,学习人物描写方法中的外貌、动作描写。

【教学目标】

1. 以两篇经典课文为引子,引导学生通过阅读,学习关注人物的外貌、动作来捕捉人物特点的方法,掌握人物描写方法中的外貌、动作描写。

2. 学会运用"圈点批注法"阅读文本,体会人物描写对于激活人物形象的作用。

3. 培养学生阅读和写作的兴趣。

【教学重点】

掌握人物描写中的外貌、动作描写,懂得外貌、动作描写在塑造人物形象方面的重要性。

【教学难点】

运用学到的方法进行人物片段描写,强化写作。

【教学准备】

学生准备:熟读课文,完成自学案。

教师准备:多媒体课件。

【教学时间】

1课时。

【教学过程】

激趣导入——猜猜他是谁

身穿金甲亮堂堂,头戴金冠光映映。手举金箍棒一根,足踏云鞋皆相称。

尖嘴呲牙弼马温,心高要做齐天圣。

(设计意图:围绕人物描写主题,用简单的猜人物问题激发学生课堂兴趣。)

第一步:检查预习情况

以抢答的形式检查学生初读情况。

说出《老王》《背影》的作者。

准确说出两篇文章中的主要人物。

(设计意图:检查学生在"指引导读、批注自读"环节的完成情况。)

第二步：互助深读

交流探究：

1.找出文章对"老王""父亲"的衣着、身材、五官、面部特征的描写句段并勾画下来。（把所找到的内容与周围同学进行交流,进行补充或修正。）

教师引导归纳出外貌描写方法。

外貌描写：即是从人物的体貌特征（包括人物的容貌、衣着、神情、体型、姿态等）进行描写,以揭示人物的思想性格。一般包括神态描写与肖像描写两部分。

2.找出文章对"老王""父亲"的动作的描写句段并勾画下来。（把所找到的内容与周围同学进行交流,进行补充或修正。）

教师引导归纳出外貌描写方法。

动作描写：描写人物富有特征性的动作,以表现人物的性格、品质、身份、地位、处境、状态。

（设计意图：学生通过课前的"指引导读""批注自读"两个环节活动已获得对人物的初步感知。本环节,旨在引导学生深入文本,在阅读探究中掌握人物描写方法中的外貌、动作描写。交流的设计,是想从开放的角度让学生自由交流、交换主体阅读感悟,在阅读成就中体会到阅读的快乐。）

学生活动：归纳出运用人物描写方法的作用。

突出人物性格特征;表现人物思想品质;使人物形象更鲜明。

3.文章通过对"老王""父亲"这两个人物的外貌、动作描写,你获得了关于这两个人物的哪些信息？（生活状况、身体状况、性格特点、精神品质……）

A.我从"老王"的（身材、五官、面部特征、动作）看出了"老王"（怎么样）。

B.我从"父亲"的（衣着、身材、动作）看出了"父亲"（怎么样）。

（与周围同学进行交流,汇报交流成果。）

（设计意图：通过自主探究、合作交流阅读收获,引导学生明白文章中人物形象鲜明的原因是运用了人物描写方法,知道并且学会运用这些方法可以帮助学生进行阅读理解和写作运用。交流、汇报的设计,仍然是想从开放的角度让学生自由交流、交换主体阅读感悟,在阅读成就中体会到阅读的快乐。）

第三步：学以致用专题写作

PPT 出示场景：选择运用外貌或动作描写方法对你所熟悉的某一个人，写一个小片段，看谁写得最快、最生动。

（学生相互评阅，最后进行全班展示，教师适时点拨。）

（设计意图：方法的获得，除了教师指导外，更重要的是让学生"下水"，学会运用到写作中，用阅读带动写作，全面提升学生的语文素养。）

第四步：教师总结

同学们，今天我们通过学习，领略了作家笔下各具特色的人物形象，懂得了外貌、动作描写在塑造人物形象方面的重要性，并掌握了圈点批注的阅读方法，我们可以运用以上方法继续指导我们课下的阅读。学会阅读，可以让我们欣赏到更多的个性鲜明的人物形象；喜欢阅读，可以把我们带入更广阔的人间天堂。

六、小说中的人物形象赏析

——《故乡》《我的叔叔于勒》《范进中举》专题化阅读教学设计

【专题说明】

本组选文以"人物描写"为议题，节选了鲁迅的《故乡》、法国莫泊桑的《我的叔叔于勒》、清代吴敬梓的《范进中举》3篇文章。这3篇文章都很好地通过人物的神态、语言、动作等描写，揭示人物的心理活动，刻画人物形象，并揭露社会现实，值得我们去探究。例如《故乡》一文中中年闰土的一句话"老爷……"背后的苍凉；《范进中举》中胡屠户"见女婿衣裳后襟滚皱了许多，一路低着头替他扯了几十回"扯衣襟动作背后趋炎附势的市侩嘴脸；《我的叔叔于勒》中的人物描写，无不揭示菲利普夫妇的虚伪、自私、冷酷、势利、唯利是图的性格特点，更揭露了金钱社会中人与人之间的冷酷关系。而这些令人印象深刻的人物形象，正是借助人物描写的方法，才得以栩栩如生，让读者如见其人，如闻其声。只要我们勤于学习，善于钻研，定能塑造出具体生动、绘声绘色的人物形象。

【教学目标】

1. 能通过快速阅读选文，分析人物描写的方法。

2. 学会分析人物描写的作用。

【教学准备】

师：组文，教学 PPT。

生：课前自主阅读课文，完成自学案。

【教学过程】

导入——同学们，假如现在有三样东西——金钱、权力和亲情，摆在你的面前，而你只能选择一种，你会选择什么？为什么？

接下来，我们一起去阅读一组选文，感受一下作者笔下的那些复杂的世间人情。

第一步：学习《故乡》

学生活动一：

1. 自由阅读课文，进行简短的评述。

（引导：可以按"没钱——有钱——没钱"的线索简述）

2. 思考：画出课文里比较突出的人物描写的句子，勾画批注并进行展示交流。

3. 示范交流。

出示文段：文章第三部分选段。

引导学生从外貌、动作、语言等方面，结合经验交流自己的感悟。用"××句子运用××描写，刻画出××（人物）××（性格特征）"句式，整理发言。

学生活动二：

从菲利普夫妇对于勒的不同态度中，你从作者的人物形象塑造上感受到菲利普是一个怎样的人？作者塑造这个人物形象又有哪些作用？

（设计意图：尊重学生的个性，允许不同的阅读体验。）

第二步：学习《故乡》《范进中举》

学生活动三：

1. 自由阅读课文，并对内容进行简单概括。

（引导：可以按照"二十年前——二十年后""中举前——中举后"进行简述）

2. 分享阅读到的精彩瞬间。

3. 关注主要人物的语言、动作等描写，并用"××句子运用××描写，刻画出××（人物）××（性格特征）"句式，整理交流分享展示。

4. 谈谈这 3 篇文章给你带来的阅读感受。

第三步：仿写交流

学生活动四：

通过学习，你受到了什么启示，请将你从生活里的瞬间发现记录下来。

第二节　专题化教学设计语言篇

一、品散文之"散"，悟恩师之美

——《藤野先生》《我的老师》《王几何》专题化阅读教学设计

【教学目标】

1. 学会如何从不同角度读出深意的方法。

2. 学会在朗读中理解教师品质，体会作者感情，激发尊师情感。

【教学重点】

学会从不同角度读出深意的方法。

【教学过程】

导入——今天，老师带大家用一种读书方法来学习几篇散文。进入初中以来，我们学习了很多散文，不管是叙事的、抒情的，还是议论的，它们在结构上都有一个很重要的特点，"形散而神不散"。换种说法，就是"形散神聚"。

"形散神聚"是散文的重要特点。"形散"除了指散文的取材十分广泛自由，还表现在材料的选用、材料的组织、表达方式的运用等这些外在的形式上。"神"指是蕴涵于"形"中的思想感情。

现在，我们通过 3 篇散文来学习从形散处体会文章深意的方法。请看我们的任务。（展示学习目标）

学生活动一：概读文本

师：我想把这 3 篇课文放在一个专题（口袋）中，请同学们帮助我给这个专题拟一个标题（标签）。

预设：学生拟标题"老师"。这是从对象上来拟写标题，标题很直观，一看就知道写的内容。

师：你能描述一下三位老师的外貌长相吗？

生：藤野先生——黑瘦，八字须，戴着眼镜，穿着简朴。

蔡芸芝先生——十八九岁，右嘴角边有榆钱大小一块黑痣。

王几何老师——中年人，头方耳大，矮胖结实，胖得像弥勒佛一般。

师：外貌特征我们可以通过粗读了解，但学习课文，粗读是不够的，要精读。咱们来研读这几个语段。

学生活动二：精思细读

教师展示《藤野先生》文段，学生分别从典型事例、重点词语、特殊句式、手法技巧四个角度，运用多种形式进行朗读。

《藤野先生》

其时进来的是一个黑瘦的先生，八字须，戴着眼镜，挟着一叠大大小小的书。一将书放在讲台上，便用了缓慢而很有顿挫的声调，向学生介绍自己道："我就是叫作藤野严九郎的……"

这藤野先生，据说是穿衣服太模糊了，有时竟会忘记带领结；冬天是一件旧外套，寒颤颤的，有一回上火车去，致使管车的疑心他是扒手，叫车里的客人大家小心些。

问题一：这几个文段在表现人物上有什么不同？

（设计意图：提炼写法技巧，感知侧面描写，学生在反复朗读中可读出藤野先生工作中规中矩、生活简朴、不拘小节的性格。）

"我的讲义，你能抄下来么？"他问。

"可以抄一点。"

"拿来我看！"

我交出所抄的讲义去，他收下了，第二三天便还我……我的讲义已经从头到末，都用红笔添改过了，不但增加了许多脱漏的地方，连文法的错误，也都一一订正了。这样一直继续到教完了他所担任的功课。

先生将我叫到他的研究室里去，向我和蔼地说道："你看，你将这条血管移了一点位置了。——自然，这样一移，的确比较的好看些，然而解剖图不是美术，实物是那么样的，我们没法改换它。现在我给你改好了，以后你要全照着黑板上那样的画。"

解剖实习了大概一星期，他又叫我去了，很高兴地，仍用了极有抑扬的声调对我说道："我因为听说中国人是很敬重鬼的，所以很担心，怕你不肯解剖尸体。现在总算放心了，没有这回事。"

他听说中国的女人是裹脚的，但不知道详细，所以要问我怎么裹法，足骨变成怎样的畸形，还叹息道，"总要看一看才知道。究竟是怎么一回事呢？"

问题二：将"拿来给我看！"一句中的叹号变成句号，表达效果发生变化了吗？

（设计意图：特殊句式研究，学生在朗读中体会标点的妙用，读出老师的兴奋、欣喜之情。）

问题三：将"已经""都""不但……连""也都""一直"这些词去掉，句意有无发生变化？

（设计意图：通过对比阅读，让学生感知副词的作用，明白藤野先生认真负责、一丝不苟的品质。）

问题四：综合以上几个文段，围绕藤野先生一共写了几件事？表现了先生什么品格？

（设计意图：通过概括，让学生关注典型事例，学习通过典型事例表现人物品质的写法。）

小结：

阅读散文，我们可以从研读典型事例、琢磨词语、研究句式、提炼手法等角度去阅读。

（设计意图：学生总结交流，明白散文的阅读可以精读"形散"处：研读典型事例、琢磨重点词语、研究特殊句式、提炼手法技巧，领悟散文"形散"之妙。）

师：请同学们从以上阅读散文的角度阅读《我的老师》和《王几何》两篇散文。

学生：朗读《我的老师》。

仅仅有一次，她的教鞭好像在落下来，我用石板一迎，教鞭轻轻地敲在石板上，大伙笑了，她也笑了。我用儿童的狡猾的眼光察觉，她爱我们，并没存心要打的意思。

在课外的时候，她教我们跳舞，我现在还记得她把我扮成女孩子表演跳舞的情景。

在她的女朋友的园子里，她还让我们观察蜜蜂；也是在那时候，我认识了蜂王，并且平生第一次吃了蜂蜜。

她爱诗，并且爱用歌唱的音调教我们读诗。直到现在我还记得她读诗的音调，还能背诵她教我们的诗。今天想来，她对我们的接近文学和爱好文学，是有着多么有益的影响！像这样的教师我们怎么会不喜欢她？怎么会不愿意和她亲近呢？

我们见了她不由得围上去。即使她写字的时候,我们也默默地看着她,连她握笔的姿势都急于模仿。

我的那些小"反对派"们,常常在我的耳边猛喊:"哎哟哟,你爹回不来了哟,他吃了炮子儿!"那时的我,真好像死了父亲似的那么悲伤。这时候蔡老师安慰了我,批评了我的"反对派"们,还写了一封信鼓励我,说我是"心清如水的学生"。

在一个夏季的夜里……我迷迷糊糊地往外就走。母亲喊住我:"你要去干什么""找蔡老师……""不是放暑假了么?"哦,我才醒了。母亲把我拉回来,劝说了一会,我才睡熟了。

师:请同学们从推敲词语的角度朗读课文,朗读时将重点词语用重音强调。

师:文段呈现了几个典型事例? 表现出一个什么样的老师?

学生:一共写了七件事,分别是"假装打我们""叫我们跳舞""带我们观察蜜蜂""教我们读诗""模仿老师写字""老师安慰我""我梦中寻师"。我们看到了一个温柔美丽、慈爱、公平、伟大、深受学生爱戴的老师。

学生继续阅读课文《王几何》文段。

可是,一分钟过去了,那矮胖老师一句话不说,像一尊笑面佛一样,只是站在讲台上哑笑。……他脸上的每一个器官,每一条皱纹,甚至每一根头发都在微笑!

矮胖老师足足又哑笑了两分钟。

待全班同学安静下来,他突然面向课堂,反手在背后的黑板上徒手画了一个篮球大的圆,紧接着,又反手画了一个等边三角形。

"上几届的同学。承蒙他们的特别关爱,私下里给本老师取了个绰号。"矮胖老师缓缓转过身去,挥手在黑板上优雅地又写了三个大字:王几何。

真是太幽默了,全班男生、女生哄堂大笑。

胖得像弥勒佛一般的王老师,站在讲台上眉开眼笑:"我请同学们一个个上台来,用不着反手,只是正面徒手画圆和三角形……"

简直要让人笑破了肚子,几何课竟变成了图画课!

问题:为什么总写学生的笑?

(设计意图:让学生自主探究,了解文章运用典型事例、正侧面描写结合的写法)

学生活动三：品读评价

师：不同的老师，有着不同的个性和风格。藤野先生一丝不苟，严格耐心，无微不至，严谨求实，心地善良。蔡芸芝老师温柔美丽，爱护学生，慈爱，公平，伟大。王几何老师幽默风趣，业务水平高，教学方式独特。这样的老师，怎能叫人不_____呢？

（设计意图：通过学生接力完成填空，进一步感悟老师可贵品质，表达对老师的喜欢、敬重、怀念、尊敬、尊重之情。）

师：三位作者在离别各自的老师20多年后，各自说出了自己对恩师的心里话。

鲁迅说：

但不知怎地，我总还时时记起他，在我所认为我师的之中，他是最使我感激，给我鼓励的一个；他的性格，在我的眼里和心里是伟大的，虽然他的姓名并不为许多人所知道；他所改正的讲义，我曾经订成三厚本，收藏着的，将作为永久的纪念；他的照相至今还挂在我北京寓居的东墙上，书桌对面。

二十春秋，不知先生现在如何？还像以前那么健壮吗？还像以前打扮模糊吗？工作应该还那么负责，对学生依然严格要求，对人依旧热情诚恳吧！回忆二十年前与你共处的仙台"求医"那段日子，让我终身难忘。您总使我感激，总给我鼓励，您对我的热心的希望及不倦的教诲，我将永远铭记在心。

魏巍说：

在我的记忆里，她是一个温柔而美丽的人。

直到现在我还记得她读诗的音调，还能背诵她教我们的诗：

可是回想起来，那时候我却觉得给了我莫大的支持！

最使我难忘的，是我的女教师蔡芸芝先生。

每逢放假的时候，我们就更不愿离开她。

至于暑假，对于一个喜欢他的老师的孩子来说，又是多么漫长！

我是多么想念我的蔡老师呵！什么时候，我能再见一见我的蔡老师呢？

马及时说：

这堂课的喜剧效果让42个中学生一辈子铭记在心，让42个少年永远记住他们的中学时代：有一位业务水平极高、人人都盼望他上课的幽默风趣的老师，他的名字叫作王玉琳，绰号叫王几何。

请你从作者思想感情的角度用一个词语来为我们今天的专题再取一个名称，让我们一看标题就明白，这些看似散的"形"是被什么"神"贯穿起来的。

学生：怀念老师。

学生活动四：内化提升

任务：你有很喜欢或很怀念的老师吗？请从"侧面描写"的角度或采用"典型事例"表现人物的方法写写你的老师。

（设计意图：通过设计写作任务，让学生将本节课所学的知识运用到写作中。）

总结：

孩子们，你们对老师的爱、理解，是老师的幸福！谢谢你们！从我们走进学校那天起，就与老师结下了不解之缘，不管你喜欢或不喜欢，老师都在那里，不离不弃。请听听老师的心声。（展示一段老师爱学生的自创诗歌，朗读结束）

致我们的学生

我们愿用海一样的胸怀，接容每一颗童心。

我们愿用真诚的心去温暖你们，陪伴你们成长。

我们愿用爱倾听你们心底的声音。

我们愿做一片绿叶、一缕阳光，把温暖和爱带给你们。

我们愿永远保持一颗童心，做你们最好的朋友。

我们愿呵护你们的奇思妙想，耐心等待你们的点滴进步。

我们愿走近你们、理解你们、欣赏你们！

我们愿播撒所有的爱，让你们茁壮成长。

爱你，护你，懂你，疼你，是我们最真实的心声！

二、散文中美食情结

——《昆明的雨》《菌小谱》《昆明菜》专题化阅读教学设计

【专题说明】

本专题从"美食"切入，围绕着汪曾祺的昆明情结，将同样写到昆明菌子的文章《昆明的雨》《菌小谱》《昆明菜》组建一个"美食"群，引导学生感受汪老的语言表达美，体会汪老爱美食、品美食的情趣及传播美食的情怀。

【教学目标】

1. 通过对汪老笔下美食的品味,学会品味汪老散文中平淡有味的语言特点。

2. 从品味汪老的美食情节,培养学生热爱生活、热爱生命的情感。

【教学重难点】

通过对汪老笔下美食的品味,学会品味汪老散文中平淡有味的语言特点。

【教学过程】

导入——由家乡美食相关的图片导入新课。

(设计意图:直观,提起学生的学习兴趣)

师:在我们所接触的作家里,有一位可爱的老头儿,他是美文家,也是美食家,他的散文中有 32 篇是谈吃的。今天我们就跟着他一起到昆明去,品一品那里的美食。

活动一:从《昆明的雨》中读"菌子滋味"

师:在学习《昆明的雨》时,有关美食的片段写得非常精彩,令人读之不禁垂涎。请同学们阅读文本,找出该段写菌子滋味的语句。

1. 整合该段中写菌子滋味的语句如下:

①牛肝菌色如牛肝,滑,嫩,鲜,香,很好吃。

②菌中之王是鸡枞,味道鲜浓,无可方比。

③乍一看那样子,真叫人怀疑:这种东西也能吃?!

④入口便会使你张目结舌:这东西这么好吃?!

⑤这种菌子只能做菜时配色用,没甚味道。

(设计意图:引导学生读好两组标点符号所传达的情味,句①中的逗号要读出稍长的停顿,读出专注地品鉴味道之美,并引导学生从这一句用语的措辞及词语顺序读出汪老喜欢品味美食的爱好。句③④中的问号叹号连用所传达的不同情感意味,句③中语调侧重于反问,而叹号的重音要落到"吃"字上,要表达内心否定的看法;而句④的语气则是重在慨叹干巴菌实在太好吃了,此处的问号是要表达"好吃到不可思议"的地步了。同样的标点连用,强化了反差,给人以先抑后扬之感,更是借用他人之口肯定了干巴菌"中吃不中看"的特点。)

2. 整合该段中通过对比来写菌子色形味的语句:

①有一种菌子,中吃不中看,叫做干巴菌。乍一看那样子,真叫人怀疑:这种东西也能吃?!颜色深褐带绿,有点像一堆半干的牛粪或一个

被踩破了的马蜂窝。

②还有一种菌子,中看不中吃,叫鸡油菌。都是一般大小,有一块银圆那样大的溜圆,颜色浅黄,恰似鸡油一样。这种菌子只能做菜时配色用,没甚味道。

(设计意图:引导学生比读"中吃不中看"与"中看不中吃"的意味,是为了突出干巴菌的好吃和鸡油菌的好看。并引导学生感受汪老不是普通的爱吃菌子,而是从菌子的颜色、形状和味道上去品鉴,去发现菌子各美其美的特点。)

3. 整合该段中能流露汪老情感色彩的短语:

滑嫩鲜香、很好吃、味道鲜浓、无可方比、中吃不中看、这么好吃、中看不中吃。

(设计意图:引导学生读出汪老对菌子的喜爱与赞赏之情和对曾经的美味的怀恋之情。做了三次整合阅读后,教师引导学生理解:汪老写昆明的菌子,重在怀念其滋味的绵长,这是昆明的雨带来的山珍美味,想念昆明的雨,就是想念昆明雨季的一切美好。汪老不仅写出菌子的美味,更是写出了一位美食家对美味的欣赏与品鉴经历,其情味、趣味、美感融为一体,成就了汪氏散文"淡而有味"的特点。)

活动二:从《菌小谱》中读"菌子情结"

在《昆明的雨》中,汪老将菌子作为怀念昆明的一个组成部分来写,要说汪老具有"菌子情结"的当属他的《菌小谱》。

引导学生摘出体现汪老"菌子情结"的话语:

"我在昆明住过七年,离开已四十年,不忘昆明的菌子","四十年"念念不忘的菌子情结。

与《昆明的雨》相比读,比读在写鸡枞菌和干巴菌滋味不同的用语,整合如下:

①鸡枞是菌中之王。味道如何?真难比方。可以说这是植物鸡。味正似当年的肥母鸡,但鸡肉粗而菌肉细腻,且鸡肉无此特殊的菌子香气。

②洗净后,与肥瘦相间的猪肉青辣椒同炒,入口细嚼,半天说不出话来。干巴菌是菌子,但有陈年宣威火腿香味、宁波油浸糟白鱼鲞香味、苏州风鸡香味、南京鸭胗肝香味,且杂有松毛清香气味。干巴菌晾干,加辣椒同腌,可以久藏,味与鲜时无异。

(设计意图:引导学生比较用语的不同,在《昆明的雨》中写鸡枞菌的味道用的是"味道鲜浓,无可方比",简而言之强调"鲜";而在《菌小谱》中,用"肥母鸡"作比,更具体地写出了鸡枞菌的鲜嫩、细腻、清香,语言很煽情,更容易触动读者的味蕾。在《昆明的雨》中写干巴菌的味道用的是一个人由怀疑到惊叹的语言反差,而在《菌小谱》中却用了宣威火腿、宁波油浸糟白鱼鲞、苏州风鸡、南京鸭胗肝、松毛的香味来作比,道出干巴菌香味的醇厚与丰富,以美食比方美食,让读者垂涎欲滴的同时也长见识。这么多南北美食的罗列,足见汪老是地道的美食家,尝尽人间美味,阅遍人生滋味。在汪老的心中,鸡枞菌、干巴菌可与肉类荤菜相提并论,足见其对昆明菌子的情有独钟。)

活动三:从《昆明菜》中读"昆明情结"

从《菌小谱》中就能看出汪老兼爱南北肉类美食,爱地方特色美食,爱事物原本的纯正滋味。对于昆明,除了菌子,还有很多美食让汪老牵念。通读《昆明菜》节选,感受汪老的昆明情结。聚焦汪老对昆明美食的描写,感受其情味、趣味。

1. 结合全文引导学生介绍汪老喜欢的昆明美食,如汽锅鸡、火腿。这些美食的叫法和吃法上,有哪些有趣的别称?

(设计意图:引导学生体会语言表述之趣,例如"养正气",乃是吃汽锅鸡的别称,"金钱片腿"为小腿至肘棒的那一部分,此外还有"坐失(食)良(凉)机(鸡)"之类的形象用语,感受美食之趣。)

2. 从《昆明菜》的哪些语句体现了汪老对于昆明具有情有独钟的美食情结?

二十几岁的小伙子,七八个人,人得三五块,顷刻瓷盘见底矣。如此吃鸡,平生一快。引导学生品味。

今年中秋,北京运到一批,买来一尝,滋味犹似当年。

听说东月楼现在也没有了。

如果全国各种做法的鸡来一次大奖赛,哪一种鸡该拿金牌? 我以为应该是昆明的汽锅鸡。

(设计意图:引导学生理解美食情结与人的情怀与生活格调相关,从汪老对美食的热爱、品鉴、描述、传播来理解汪老对自然本真的怀恋。)

最后借用汪老的话"菌子已经没有了,可菌子的气味还留在空气里"(人生如梦,我投入的却是真情。世界先爱了我,我不能不爱它。)来结课,点明昆明对于汪老的意义是自然本真的承载地,这是在谈吃,又哪里是在谈吃,分明是心灵里留存的岁月静好,是对生活最本真的爱。

三、平实语言显深情

—— 《回忆我的母亲》《背影》《白杨礼赞》《昆明的雨》
专题化阅读教学设计

【专题说明】

本专题所选的4篇文章都是统编教材八年级上册的散文。虽然是不同类型的散文,但它们都运用了平实质朴的语言来表达作者强烈的感情。因此我把它们整合起来,形成专题阅读进行教学。

《回忆我的母亲》是八年级上册第二单元的一篇回忆性散文,是朱德总司令在母亲钟太夫人逝世之后,以质朴无华的语言,回忆了母亲勤劳的一生,抒发了对母亲无限敬爱、感激的深情。《背影》从一个独特的角度,用朴素的语言表达了父亲对儿子深切的爱和父子之间的深情。《白杨礼赞》是一篇典型的托物言志散文。通过描写白杨树的形象特点,将其与北方抗战军民联系起来,层次深入地揭示出白杨树的象征意义。《昆明的雨》是一篇通过"雨"串联起当年的一系列往事的写景抒情散文。

【设计意图】

以"单元整合、专题阅读"策略为指导,让学生通过专题阅读的方式,感受作者是如何运用平实语言抒深情的,实现教学内容、教学方法的共同点的相互渗透,从而做到有机整合。

【教学目标】

1. 了解怎样的语言属于平实性语言。

2. 体会几篇文章作者所要表达的思想感情。

【教学重难点】

掌握如何从平实语言中体会作者思想感情的方法。

【教学课时】

1课时。

【教学过程】

导入——提问:同学们,到现在为止你觉得最爱你的人是谁?他(她)在生活中的哪些细节最让你感受到他的深情?

请学生把细节写在黑板上,然后从所写的语句中引出什么是平实性语言(不加任何修饰的语言)。深情往往能在平实性语言中感受。

活动一：感知平实语言如何显深情

1. 快速浏览《回忆我的母亲》《背影》《白杨礼赞》《昆明的雨》,画出平实语言抒深情的句子,并完成下表。

课文	课文的思想感情	所选的平实性语句
《回忆我的母亲》		
《背影》		
《白杨礼赞》		
《昆明的雨》		

2. 学生根据表格回答,同时注意对学生所选的语句进行有感情的朗读指导。

活动二：品析平实语言抒深情

1. 指导品析

课文	所选的平实性语句	语句所写的对象或身份	语句中心词或语气	语句表现的意思	表达作者什么感情
《回忆我的母亲》					
《背影》					
《白杨礼赞》					
《昆明的雨》					

平实语言抒深情的答题指导。第一步：判断什么中心词或什么语气。第二步：体现了这句话的什么意思。第三步：表达作者对所写对象的什么感情。

2. 学生品平实语言中的深情。(小组讨论再回答)

活动三：运用平实语言表深情

1. 请学生写一句或几句语句表达他对爱他的人的深情。

2. 请学生读自己写的语句来表深情,同时注意朗读指导。

推荐阅读：

朱自清的《朱自清散文集》或余秋雨的《文化苦旅》。

【课堂结语】

深情在平常的生活中,在平实的语言里。我们不但要学会品味他人语言中的深情,更要学会用语言表达我们的深情。愿同学们都能做一个有深情、会表达深情的人。

【教学反思】

专题化阅读教学方式能使学生在既定时间内,阅读多篇同质文本,集中就专题焦点进行更深层次的解读和掌握。在本专题阅读课中,学生能更好地掌握从哪些方面来对平实性语言进行品析的方法。专题化阅读课型如果用在复习教学中,能高效帮助学生提升学习效率。

四、最美不过下雨天

——《雨的四季》《昆明的雨》专题化阅读教学设计

【专题说明】

《雨的四季》《昆明的雨》两篇文章都是写雨,但是写作的特点和语言大不相同。将两篇文章整合成小专题进行教学,目标是让学生在对比阅读中感知散文语言优美、畅达、富有节奏的特点。引导学生学会在阅读散文时,要从语言赏析的角度,关注不同散文的语言特征,认真分析散文的语言优美、凝炼、畅达的特色,从而在形式上对散文加以赏析。

【教学目标】

1. 能通过对散文语言的赏析,分析文中景、事、物的特点。

2. 把握文中景、事、物的特点,体会散文的魅力,培养学生热爱生活的情感。

【教学重点】

能根据文中所写的景、事、物的特点,品味不同的散文中"雨"的美。

【教学难点】

引导学生学会赏析两篇散文的语言特点。

【教学导入】

导入——师:雨,在咱们这儿的冬天简直是太寻常了,一下就是好长时间,这样的天气,同学们腻烦了吗?(通过学生的回答,引入课题。)可是这节课,老师想和同学们一起用心去听下雨的声音,用心去品味雨的美。

活动一:品味四季的雨

同学们放松心情,我们就是来品雨的。现在呢,同学们用几分钟的时间,快速浏览我们初一学过的《雨的四季》,从中找出你认为写得最美的事物,或最美的词语、句子。

提示:可以从用词的角度,从修辞手法的角度。

(设计意图:修辞手法的运用对于学生来讲较为容易看出,找相对基础薄弱的同学,给他们发言的机会,对于基础好一些的同学,尽量通过带领他们朗读或引导使他们对文本的解读与理解能力再提升。)

春雨:花苞、树枝、小草柔软娇媚温润美。

夏雨:花朵、荷叶、蝉、蛙丰满热闹热烈奔放美。

秋雨:田野、庄稼、山果静谧动情端庄深沉美。

冬雨:田野、枝干、油菜干净利落自然平静美。

师:这是充满诗意的雨,我们接下来,再去昆明这样的春城,感受雨的另一番美。

活动二:寻"味"昆明雨季

1. 默读课文,在昆明的雨季,都有哪些景、事、物? 你认为最美的是哪一种?

(设计意图:学生先默读,默读结束后前后桌 4 人一小组交流。在小组讨论后,让同学起来发言。通过学生充分的朗读感知,先获取最初的阅读体验,便于下一步的阅读分析。)

3 ~ 5 段:昆明的雨季草木生长旺盛,枝叶饱含水分,是明亮的,丰满的。

6 段:门头上倒挂着还能开花的仙人掌。

7 段:雨季菌子数量种类多。

8 段:雨季的果子——杨梅。卖杨梅的小姑娘娇、美、柔和昆明的火炭梅。

9 段:雨季的花——缅桂花。高大,芬芳,浓绿,茂盛。房东母女,邻里温情。

10 段:酒店小酌图。

物产美(仙人掌、菌类、杨梅、缅桂花)——生长旺盛、肥大、滋润(侧面描写、衬托)。

人情美(卖杨梅的小姑娘、房东和她的养女)——娇美朴素热情善良。

故乡美(酒店小酌)——第二故乡幽静恬淡的氛围。

活动三:聆听多情的雨

播放诗歌《雨下一整晚》《听见下雨的声音》

(设计意图:呈现歌词,播放音乐,让学生进一步欣赏歌词的美,押韵,感受雨的灵性和情思。)

【小结升华】

　　雨是大自然神奇的杰作,雨是沟通天地的美丽使者,在大师们的笔下,那或飘逸或缠绵的雨,把它们曼妙的身姿深深印在我们的眼眸中,而那清新、纯净的雨之心、雨之魂,却飘飘洒洒滴落在我们心海上,掀起阵阵波澜,荡起层层涟漪。

【教学反思】

　　在这一堂专题阅读的教学中,设计的初衷是让学生通过对 3 篇描写雨的散文的鉴赏,体会散文不同的语言美,体会雨的美感。

　　从教学效果来看,学生能通过本专题的学习,学会如何鉴赏散文的语言美,不同的语言应该通过鉴赏哪些点来进行赏析,比如平时有味的语言,我们可以通过鉴赏一些副词、句子的语气、简单的修辞等来进行,生动形象的语言则通过对修辞手法的鉴赏来进行。专题化阅读的聚焦性,深化了学生对散文语言的品味思路,提升了学生的审美情趣,达到了预期效果,完成了教学目标。

五、短句成段的精妙之处

——《白杨礼赞》《安塞腰鼓》《邓稼先》《说和做》专题化阅读教学设计

【专题说明】

　　本专题所选的 4 篇文章《白杨礼赞》《安塞腰鼓》《邓稼先》《说和做》都是统编版七、八年级语文课本中的精读课文。这些课文中,都运用了独立段的形式来形成文章的思路及线索,使文章层次清晰,表达出作者强烈的情感,非常适合作为范文来让学生进行仿写。因此把它们整合起来,形成专题阅读进行教学,以此帮助学生提高他们的写作水平。

【设计意图】

　　以"知识整合、专题阅读"策略为指导,让学生通过专题阅读的方式,感受作者运用独立段来构思作文,实现教学内容、教学方法的共同点的相互渗透,从而做到有机整合。

【教学目标】

　　1.学会品析短句构成独立段落的精妙。

　　2.能在写作中运用独立段落来表达思想感情。

【教学重难点】

学会品析独立段落在写作中的运用。

【教学课时】

1 课时。

【教学过程】

导入——提问：同学们,说说你认为作文得高分需要哪些条件?

学生谈看法,然后从所谈的观点引入今天上课的主题。

活动一：初知作文中运用独立段的好处

1. 明白什么是独立段。

教师出示什么是独立段的内容：就是由一个句子构成的自然段。

学生齐读什么是独立段的内容。

2. 学生从速读这 4 篇课文中感受运用独立段的文章有什么好处。

3. 教师小结运用独立段的文章的好处。

文章的独立段和其他段形成错落有致的效果,层次分明,版面美观。

独立段能让读者快速地了解文章的结构思路,文章结构严谨,中心突出。

独立段的文章能很好地体现散文神散而形不散的特点。

活动二：从学习名篇中独立段的作用知如何写独立段

1. 细读这 4 篇散文,根据下表思考问题,然后小组讨论回答。

课文	文中各个独立段在文中的作用
《白杨礼赞》	
《安塞腰鼓》	
《邓稼先》	
《说和做》	

2. 根据学生的回答,再次感知独立段在文中的作用。

课文	文中各个独立段在文中的作用
《白杨礼赞》	1 和 9 自然段都写到"我赞美白杨树"开篇点题,首尾呼应,点明主旨。1、4、6 自然段中的"不平凡",既是作者赞美的基础,又是行文的线索,作者分别从白杨树的生长环境、外部形态、内在气质体现它的不平凡,四个自然段一唱三叹
《说和做》	写安塞腰鼓表演前和表演后的独立段都起强调作用,突出人和环境的特点。人是正衬,环境是反衬安塞腰鼓的有力、气势磅礴、火烈的特点。写表演时反复出现了四次的"好一个安塞腰鼓"的独立段,也分别从表演的场面、响声、舞姿、让人产生的联想四个方面来写。既是行文的线索,也是反复强调了作者对安塞腰鼓的赞美之情

续表

课文	文中各个独立段在文中的作用
《安塞腰鼓》	从"任人宰割"到"站起来了"中的2、3、4、5自然段起突出强调那段历史的悲惨;6、7起承上启下的作用。"两弹"元勋中的3、4自然段起突出强调这些日子的重要;5自然段起承上启下的作用;8自然段起总结作用
《邓稼先》	1、2自然段引用闻一多先生的话,开篇点题,突出强调了先生言行的特点。7、8自然段是起承上启下的作用。19自然段是对闻一多先生作为学者和革命家方面的总结。20、21自然段是对闻一多先生言行的总结,首尾呼应,点明主旨

3. 教师小结作文中如何运用好独立段。

开头结尾的独立段,做到开篇点题,首尾呼应,点明主旨。

行文中用独立段,总结上文,引起下文。

让独立段成为文章的线索。

用独立段来突出强调某个内容,让事物的特征更明显。

反复用抒情的独立段,强调作者的思想感情。

独立段可用到3-8段,文章版面"明快"。

活动三:学以致用

1. 请分别在横线处补写一个独立段落,让这篇作文活起来。

妈妈的话

妈,你说的,我都会仔细听。

——题记

你风风火火来到这世上,一不留神成了家中的大姐姐,挑起了生活的重担。

_____

你是家中的混世魔王,天不怕地不怕,会领一帮人上蹿下跳,与其他人唇枪舌战。胡侃天地。会教妹妹们捉蚱蜢然后炸了后强迫别人吞下去。他们说你无"恶"不作,一手遮天,我听着听着,笑开了。

_____

二十岁以前不知道什么叫挫折的你,却稀里糊涂地嫁给了当时烫了个最流行的爆炸头的爸爸。稀里糊涂成了孩子他妈。而我就是那个孩子,缚住你后半生的孩子。

_____后来异性妹没了联系,

家乡也变成了有我在的地方。你放弃了你喜爱的文学、诗歌,放弃了"金梁古温"的武侠小说,放弃了做梦当女侠、劫富济贫,放弃了你所向往的、自由美好的生活。我知道那时起,你便只有一个角色,我妈。我们俩,真不知是前世今生纠缠的互相困扰,还是来得理所当然的幸福快乐?总之,你说了这么多。

_____你要下海,你要经商,你要摒弃一切困扰。可我知道,你是想要我上更好的学校,有更好的前景,过更好的生活。你喋喋不休的啰嗦是我看来最美最温柔的诗歌,你说这么多,是我人生路上最亮最闪耀的明灯。

_____你拔呀拔,拔不完头上被雪染的白色。你抹呀抹,抚不平脸上日益增长的纹路。你诧异地说,这是怎么了?我知道你生性乐观,积极向上。但你已无力为我奔波劳累。

我相信我们的感情深入骨髓,因为听你对我说了那么多,那么多。

现在,该我说了。

2.请巧用独立段,拟写以"你是我心中最美的风景"为题的作文提纲。

课堂结语:

作文一直是我们语文学习和考试的半壁江山,如何写好考场作文,方法指导虽然重要,但是最主要的是靠平时的积累,用心地观察和领悟。今天这节课希望能对大家写好作文起到引导作用。

【教学反思】

专题阅读能使学生在学过的文章中,就某个专题进行更深层次的解读和掌握。通过这次专题阅读指导写好作文的课,学生能比较好地掌握用独立段来构思和行文的作文方式。这样的课型对提高学生的作文水平十分有益。

第三节　专题化教学设计爱国篇

一、诗圣杜甫的家国情怀

——《望岳》《茅屋为秋风所破歌》《闻官军收河南河北》
诗歌专题阅读教学设计

【诗歌来源】

统编教材七年级下册第五单元、八年级下册第六单元及课外阅读。

【专题说明】

　　唐诗是中国诗歌发展史上的一座高峰，唐代诗坛群星璀璨。其中，作为现实主义诗歌高峰的杜甫诗歌，更是内容博大精深，影响长久深远，尤其是杜甫的家国情怀，对民族精神的形成具有深刻的意义。本设计希望通过对杜甫诗歌的学习，感受盛唐时期及安史之乱后，诗人对个人和国家命运的关注，体会诗人的丰富情感，了解杜甫诗歌的主要内容和鲜明特色，激发对中国传统文化的热爱，形成关注国家命运的爱国主义情感。

【教学目标】

　　1. 了解杜甫生活的时代背景，感知3首诗歌的主要内容，默写3首诗。

　　2. 反复吟咏诵读诗歌，学会通过品味诗歌中的词语来赏析诗歌。

　　3. 感受杜甫诗歌的家国情怀，继承和弘扬中华传统文化精华。

【教学重难点】

　　1. 反复吟咏诵读诗歌，学会通过品味诗歌中的词语来赏析诗歌。

　　2. 感受杜甫诗歌的家国情怀，继承和弘扬中华传统文化精华。

【教学准备】

　　1. 师：准备以上3首诗歌的打印稿，教学PPT。

　　2. 生：提前阅读文本。

【课时安排】

1 课时。

【教学过程】

导入——中国古代诗词,似星光浩繁,如日月夺目。重拾传统文化,吟诵诗词歌赋,我们不仅能感受到诗人将国家存亡置于最高地位的理想追求,更能深切体会他们胸怀天下、悲天悯人的家国情怀。今天,让我们一起走进诗圣杜甫的诗歌殿堂,用心感受诗中圣哲的笔底波澜。

1. 学习诗歌

裘马清狂胸怀凌云志——学习《望岳》

过渡:"放荡齐赵间,裘马颇清狂",与同时期其他的大诗人一样,杜甫在进入仕途之前,也有一段漫游的经历。用我们现在比较流行的一句话来形容,就是"世界那么大,我想去看看"。在这一时期,青年杜甫始终带着盛世的自信与朝气,充满了对生活的乐观态度和豪情壮志,也创作出了许多流传千古的名篇佳句,比如最负盛名的《望岳》。

诵读诗歌(指名读,齐读),思考:诵读诗歌,你感受到了一座怎样的泰山?你是通过哪个词看出来的?

明确:"齐鲁青未了"看出泰山是广阔的。"造化钟神秀"可以感知泰山很秀丽。"阴阳割昏晓"可以感知到泰山是遮天蔽日的。"一览众山小"中,看出泰山是高大的。适时引导泰山是伟大的,它能激发出人们攀登极顶和征服困难的愿望。

面对这巍巍泰山,诗人心潮起伏,不禁发出了铮铮誓言——会当凌绝顶,一览众山小。从中,你感受到了一个怎样的诗人?结合背景资料回答(资料见老师发的文本)。

教师补充讲解:

杜甫有一个显赫的祖先,其 13 代祖先杜预是西晋著名的政治家;他的祖父杜审言是武则天时期最为重要的宫廷诗人;杜甫作此诗时,他的父亲杜闲当时正担任山东兖州司马——杜甫的家族有做官的传统,他一辈子坚守着"奉儒守官"的信条,以"立功立德立言"为终生理想。

明确:"荡胸生层云"——杜甫具有博大的胸怀。"会当凌绝顶,一览众山小"——杜甫是一个有远大抱负,远大志向的人。(深入引导猜想杜甫的理想抱负是什么,通过做官来报效国家。)

国破家亡心忧天下人——学习《茅屋为秋风所破歌》

过渡:但是,当梦想照进现实:朝廷上奸臣当道,李林甫一句"野无遗贤",让参加科举的士子全员落榜,日后被称为"诗圣"的杜甫也在这次选拔之列。杜甫 30 岁离家,在长安困居十年,多次参加朝廷的应试,却没有一次考中。后来安史之乱爆发,47 岁的杜甫在战乱中离开了长安,颠沛流离,耳闻目睹了下层劳动人民的悲惨生活。一首《茅屋为秋风所破歌》不仅写尽了诗人的凄凉辛酸,也唱出了杜甫的博大胸襟。请同学们凝神屏息,我们一起来听《茅屋为秋风所破歌》。

听范读,结合诗句思考:当时的诗人过着怎样的生活?你从哪些诗句看出来?（引导学生分析诗句中的词。）

明确:"布衾多年冷似铁,娇儿恶卧踏里裂。床头屋漏无干处,雨脚如麻未断绝。"贫困交加,湿冷难眠,痛苦难捱!

困境中,诗人发出了怎样的呐喊?

齐读:"安得广厦千万间,大庇天下寒士俱欢颜! 风雨不动安如山! 呜呼! 何时眼前突兀见此屋,吾庐独破受冻死亦足!"呐喊中,你看到了一个怎样的杜甫?

明确:推己爱人,忧国忧民的诗人形象;牺牲自我、舍己为人的诗人形象。

喜闻收复涕泪满衣裳——学习《闻官军收河南河北》

过渡:即使身处困境,依然为国为民而忧,依然心怀天下。

公元 762 年的冬天,当时杜甫已经 51 岁了,一直漂泊游荡在西南（四川）一带,当时唐军在洛阳附近的衡水打了一个大胜仗,叛军头领薛嵩、张忠志等纷纷投降。作者听到这个消息后欣喜若狂,写下生平第一首快诗《闻官军收河南河北》。

第一步:借助注释读诗。诗中有个词最能反映作者听到这个消息后的心情,请找出来。[（喜）欲狂] 师板书:喜。

预设:

生:涕泪满衣裳。（师:古代上为衣,下为裳,他这个眼泪流得够多!）（板书:喜极而泣）

生:却看妻子愁何在,漫卷诗书喜欲狂。（师:这句应该读出什么感情? 反问）

生:白日放歌须纵酒,青春作伴好还乡。（师:杜甫又唱歌,又纵情喝酒,喜不自胜。）

生:即从巴峡穿巫峡,便下襄阳向洛阳。（师:他特别想马上回到阔别已久的家乡,指着图说:立即坐船从巴峡穿过巫峡,到襄阳再北上回

到家乡洛阳。这真是归心——似箭啊！）（板书：归心似箭）

师：让我们试着把这种"喜欲狂"的感受通过我们的朗读表达出来，读出诗歌的韵味。

第二步：杜甫只是因为自己可以结束颠沛流离的生活，重返故乡而喜吗？

生：他为战争结束了，官军收复了河南河北而喜。

生：他为老百姓终于可以过上安定的生活而喜。

师：他为战乱平息，祖国重归统一而喜；他为老百姓不再流离失所，终于可以安居乐业而喜。在这"喜欲狂"里，包含着他浓浓的——爱国爱民之情。

板书：爱国爱民。

2. 方法小结

这堂课我们学习了杜甫的三首诗歌，通过品析诗中的字词，"钟""割""冷""满""看""喜""穿"等字词，来感受了诗人伟大的家国情怀，这种鉴赏诗歌的方法，我们把它叫作"咬文嚼字法"，这是赏析诗歌最基本的一种方法。即抓住诗歌中的动词、形容词、名词等仔细揣摩，分析字词的妙处，来品味诗歌的情感。

3. 作业布置

希望同学们能学以致用，将这种方法延伸运用到更多的诗歌中，今天老师也为同学们准备了杜甫的另一首诗《江畔独步寻花·其六》，请大家运用我们今天学习的"咬文嚼字法"继续品读诗歌，完成两个小练习。

一是完成对《江畔独步寻花·其六》的赏析。

江畔独步寻花·其六

杜甫

黄四娘家花满蹊，千朵万朵压枝低。

留连戏蝶时时舞，自在娇莺恰恰啼。

（1）诗中哪两个字写出了花的繁盛？试做简要分析。

答：满、压。满形容花多，小路上都是；压说明每一朵花都是怒放的状态，让树枝有点无法承重。

（2）第三句中"留连"改为"翻飞"好不好？为什么？

答：不好，"翻飞"只写出了蝴蝶嬉戏花间的情状，而"留连"不仅写出蝴蝶留恋花间的情景,还流露出诗人对花的喜爱之情,做到情景交融。

二是完成3首诗歌的背诵。

4. 教师总结

这堂课虽然只学习了短短3首诗,却让我们看到了杜甫一生信守着"奉儒守官"的人生信条,青年杜甫始终带着盛世的自信与朝气,充满了对生活的乐观态度和豪情壮志,经历了安史之乱的杜甫,人至中年,困境中他孤独寂寞、穷愁多病、壮志难酬,也始终没有动摇他"致君尧舜上,再使风俗淳"的伟大政治抱负,他始终没有忘记家国天下,始终没有忘记血肉相连的黎民百姓。这3首诗,从3个角度诠释了杜甫一生的理想追求,品读杜甫诗歌,他的家国情怀将永远感动着每一个后来的中国人,给我们无穷尽的爱国力量。

【教学反思】

学生积极参与活动,有效地指导学生围绕一个中心读诗、赏诗,培养学生鉴赏诗歌的能力。在教学过程中,善于引导学生,师生互动好,教师反复强调赏析诗歌的方法,做到授之以渔,顺利完成教学目标。

二、巧用物象彰显爱国情

——《我爱这土地》《祖国啊,我亲爱的祖国》《我的祖国》
现代诗歌专题阅读

【选文来源】

统编教材九年级上册第一单元、九年级下册第一单元及课外阅读。

【专题说明】

爱国是文学作品中永恒的主题之一。本设计从"巧用物象彰显爱国情"这组专题中,选取了3首不同时期的现代爱国诗歌。艾青的《我爱这土地》通过描述抗战时期自己生活在祖国的这块土地上,痛苦多于欢乐,心中郁结着过多的"悲愤",表达了作者一种刻骨铭心、至死不渝的最伟大、最深沉的爱国主义感情。舒婷的《祖国啊,我亲爱的祖国》精选了一组组物象,描述了中华人民共和国建设时期的贫穷和人民千百年来的梦想与苦难,亦展现了中国让人振奋的崛起和新生,深情地抒发了诗人自己对祖国的无比热爱、无限期盼和献身决心。《我的祖国》(节选)选取多个物象,将作者心中豪迈的爱国情写得诗情画意,表达了作为当代中国人的自豪感及对强盛祖国的热情赞颂。这 3 首诗歌从不同历史时期,采用了不同物象和抒情方式书写了爱国情。

诗歌的爱国情是一样的,但爱国的方式、寄托的对象却是因人而异、因历史时期而异的,所以要体悟到诗歌中作者的感情是通过不同的物象表达出来的。

【教学目标】

1. 反复诵读,找准物象并分析诗中物象的特征。

2. 把握诗歌主题,体会不同历史背景下的爱国情。

【教学重难点】

1. 反复诵读,找准物象并分析诗中物象的特征。

2. 把握诗歌主题,体会不同历史背景下的爱国情。

【教学准备】

1. 师:准备以上 3 篇文本,教学 PPT。

2. 生:提前阅读文本。

【课时安排】

1 课时。

【教学过程】

情感导入,认识物象——课前播放诗歌演唱版《天净沙·秋思》

枯藤老树昏鸦,小桥流水人家,古道西风瘦马。夕阳西下,断肠人在天涯。

问题一:我们都知道这是一首表达思乡情的小令,请问同学们,这首小令是借哪些事物来表达思乡情的?

明确:枯藤、老树、昏鸦、小桥、流水、人家、古道、西风、瘦马、夕阳。

明确:这种能触发情感的"枯藤、老树、昏鸦、小桥、流水、人家、古道、西风、瘦马、夕阳"客观事物我们叫作诗歌中的物象。物象就是文学作品中出现的具体的事物形象,它往往包含着作者的思想感情。

问题二:再读这首小令,你感受到作者怎样的感情? 是开朗愉悦还是忧伤愁苦?

(明确:忧伤愁苦)

追问:你是从哪些字看出来的?

(明确:枯、老、昏、瘦)

师:通过物象特征表现出来的感情就是诗歌的感情色彩。

1. 走进诗歌

活动一：诵读诗歌体会情感

学生任务：有感情地诵读以下 3 首诗歌：

《我爱这土地》——艾青

《祖国啊，我亲爱的祖国》——舒婷

《我的祖国》（节选）——佚名

要求：

准确、有节奏地大声朗读。

初步体味诗人的情感。

活动二：联系背景，完成任务单

任务一：师展示 3 首诗歌的创作背景，学生朗读。

《我爱这土地》：本诗写于 1938 年 11 月 17 日，发表于同年 12 月桂林出版的《十日文萃》。1938 年 10 月，武汉失守，日本侵略者的铁蹄猖狂地践踏中国大地。作者和当时文艺界许多人士一同撤出武汉，汇集于桂林，诗人在国土沦丧、民族危亡的关头，写下了这首慷慨激昂的诗。

《祖国啊，我亲爱的祖国》：从十年浩劫中生活过来，有着太多的坎坷经历的青年诗人舒婷，于 1978 年 12 月迎来了我国具有重大历史意义的十一届三中全会，开启了改革开放的历史新时期。1979 年 4 月，诗人面对祖国摆脱苦难、正欲奋飞的情景，以自己独有的抒情方式写下了此诗。

《我的祖国》（节选）：这是作者 2003 年在网络上发表的一首爱国主题的朗诵诗歌。

任务二：联系背景完成任务单，比较物象色彩，体会诗歌情感。

诗题	物象	物象的特征	感情	感情色彩
《我爱这土地》	鸟、土地、河流、风、黎明	嘶哑的、羽毛也腐烂、暴风雨所打击着的、汹涌着我们的悲愤的、吹刮着的激怒的……		赤诚的、深沉的、悲愤的
《祖国啊，我亲爱的祖国》	老水车、矿灯、稻穗、路基、驳船	破旧的、熏黑的、干瘪的、失修的、淤滩上的	爱国	忧伤的、凄婉的
	理想、胚芽、笑涡、起跑线、黎明	簇新的、雪被下古莲的、挂着眼泪的、新刷出的雪白的、绯红的		充满希望和力量的、热烈的
《我的祖国》（节选）	雄鸡、巨龙、雄狮、起源	昂首高亢的、冲天腾飞的、威风凛凛的、人类智慧的		自豪的、雄壮的

任务三：学习《我爱这土地》。快速默读，继续完成任务单上的任务。

明确：同是爱国诗，同为爱国情，历史时期不同，国情不同，诗人选取的物象不同，物象特征不同，诗歌的感情色彩就不同。

师：通过学习3首诗歌，我们发现物象特征与感情色彩之间有着紧密联系。诗歌的感情色彩主导了物象特征，物象特征又具体生动地呈现了作者的感情色彩，一般来讲，物象特征与情感色彩是一致的。

活动三：学以致用拓展迁移

读者通过揣摩物象赏析诗歌，诗人借助物象表达感情，在诗人眼中，祖国是破旧的老水车，是冲天腾飞的巨龙……在你的眼中，祖国是什么？请大家补充创作诗歌《祖国是什么》

任务一：在诗人眼中，祖国是水车、矿灯、雄鸡、巨龙……，在你心中，祖国是什么？请大家补充创作诗歌《祖国是什么》。

祖国是什么？
蔚蓝的天空告诉我
祖国是迷人的花香
装扮着锦绣山河

祖国是什么？
流淌的小溪告诉我
祖国是澎湃的长江
哺育着华夏儿女

祖国是什么？
悠悠白云告诉我
祖国是翱翔的雄鹰
守护着中华大地

祖国是什么？
……

2. 学生谈收获或困惑
预留3分钟，由学生从学习内容和学习方式上谈谈本节课的收获。

3. 推荐阅读
《我用残损的手掌》——戴望舒

《煤中炉》——郭沫若

《一句话》——闻一多

【教学反思】

本堂课,以专题化阅读教学方式进行设计,注重体现学生在课堂中的主体地位,培养学生合作探究的学习能力,总结为以下几个方面。

一、注重朗读。学生用心去读,反复去读,用心去感受。教师有效的范读引导,方法点拨,不仅让学生读出语气语调,读出感情,而且读时要揣摩诗句意思,体会诗的内在旋律,进入文章情境。

二、充分激发学生的联想想象思维,领会诗人移注在形象上的主观情感,体会诗歌在委婉曲折中表达心声的特点。学生以小组为单位合作探究,然后交流,教师适时点拨,理解诗人强烈的爱国之情和历史责任感。

三、这节课最大的成功就是学生借助专题内多篇诗歌的学习,真正走进文本,在分析意象的基础上,不仅把握了朗读的技巧,提高了朗读水平和能力,而且大部分学生都能当堂成诵。

四、课后作业有效进行了拓展,学生的续写和仿写更是出乎意料的成功,真可谓综合训练了学生的听说读写能力。

通过这节课的学习,我真正地感受到:教学的创新设计以及教师的示范引导对学生学习的重要性。关注学生的学习体验,关注学生素养能力的提升,让学生真正成为课堂的主人,入情入境地学习,才会收获多多,才会真正的高效。在这堂课中,教师真正是学生的合作伙伴,教师创设情境,把学生带入知识的殿堂,激发学生的学习兴趣,点拨学习的方法,不再是高高在上的知识传授者。学生真正成为课堂学习的主人,他们自主学习,合作探究,解决疑难,自悟反思,领悟方法,融会贯通,学以致用。教师和学生是平等的,课堂是民主的,和谐的。教师是学生合作学习中的首席。

三、为土地深沉歌唱

——艾青诗歌中的"土地"意象群专题阅读教学设计

【专题说明】

艾青诗歌中,出现了大量的意象,这成为艾青作品的一大特色。诗歌中的意象与诗人的情感融为一体,达到最为完美的表达效果。在艾青诗集中常见的意象,都象征某些特定的意义:革命,希望,祖国,未来等。如太阳这个意象,充满了对未来的希望与对新世界的展望。本设计以"意象"为切入点,引导学生领会意象的象征意义,把握诗人的感情。在引导学生学习《艾青诗选》这本书时,主要采用导读阅读和交流阅读并行的方式,以小专题的形式有针对性地进行教学,在本次教学中,结合学生的学情,选取了"意象"作为教学专题的线索。在阅读诗歌时,对诗歌意象的把握是赏析诗歌的一个重点,在《艾青诗选》这本诗集中,有着丰富的意象并形成系列,如"土地"和"太阳"这两个意象。本专题将从"土地"这一意象群的分析,理解艾青诗歌中对祖国、对土地母亲、对劳动人民的深沉情感。

重点篇目以《大堰河——我的保姆》《雪落在中国的土地上》《我爱这土地》《北方》《农夫》《桥》等。

【学习目标】

1. 学生能够通过对诗歌中"土地"这一意象的分析,概括出土地的特点,理解"土地"这一意象的深刻内涵。

2. 培养学生阅读和鉴赏诗歌的能力。

【学习重点】

通读诗集,分析"土地"意象在每首诗里的特点,通过意象分析感受诗人的情感。

导入——欣赏《西游记》中唐明皇送别唐僧时撮一捧黄土放入杯中的片段

师:许多人都喜欢攒起故乡的一抔黄土,放在自己即将远去的行囊里,以此来表达自己对故乡土地的眷恋,这就是中国人最直接的土地情怀。

而在现当代文学里,"土地"这一意象更是呈现更为复杂的意蕴,具有那个时代的烙印,它集中体现出创作主体对土地、祖国、人民深沉的爱。

1. 学习活动

自由选读明意象

对意向的解释:意,是内在的抽象的心意;象,是外在的具体的物象。意与象的关系,其实是情与景的关系、心与物的关系。

学生自主选读诗集中有关描绘土地的诗篇,结合每首诗的时代背景,初步感知诗歌的"土地"意象。

批注研读晓其"象"

选择自己最喜欢的一首诗,对诗歌中生存于土地上的事物特点及其内涵进行批注、研读,明确诗人笔下"土地"的特征。

提示:如《我爱这土地》这首诗中

土地上的事物:	事物的特征:
鸟	嘶哑、腐烂
土地	被暴风雨打击
河流	悲愤
风	激怒
黎明	温柔

明确:土地,是诗人情感的寄托处,它是伟大而古老祖国的象征,它正遭受着苦难和打击,并奋勇抗争。

他这一时期的诗歌总是充满"土地的忧郁",多写国家民族的苦难、悲伤与反抗,风格具有非常凝重、深厚而又大气。

合作诵读悟其"意"

结合诗歌写作的内容,你认为诗人用"土地"意象主要表达了哪些情感。

一类是为祖国而写,一类是为广大劳动人民而写。

土地上的事物:	事物的特征:	象征意义(意)
鸟	嘶哑、腐烂	作者自己
土地	被暴风雨打击	日本侵略者对中国土地的蹂躏
河流	悲愤	中国人民满腔悲愤
风	激怒	革命斗争声势浩大
黎明	温柔	革命胜利后的美好愿望

"土地"意象凝聚了诗人对劳动人民最真挚的爱。

"土地"意象凝聚了诗人对祖国——大地母亲最深沉的爱。

土地意象已融入了诗人的生命和灵魂,它是生命之母的象征、祖国母亲的象征、民族精神的象征、中华文明的象征,也是祖国命运的象征、华夏历史的象征、民族凝聚力的象征、人民意志和力量的象征。总之,在土地意象上凝聚了诗人异常复杂的情感信息和思想信息。

巧用意象颂土地

诗人通过对土地上一切事物的描绘,向我们展示了属于那一个时代的土地情怀,我们也生活在这一片土地上,请同学们把你准备好的歌颂土地的小诗展示给大家,并从意象选取的角度说说所选的诗好在什么地方?

2.课堂小结

请学生谈谈这节课的收获。

结语(土地是艾青永远依恋的对象,永远倾诉的对象,永远忠诚的对象,永远歌颂的对象,同时,也是我们的。)

【教学反思】

专题教学主张研究型阅读,强调"立点深挖"。专题教学中,教师要担当作品研究者、课程规划者、教学组织者和学习评价者等四种角色。除作品研究者外,其他三种都是在"与学生共舞"中完成的。在这个过程中,教师要信任学生,给予学生充分的决策权和参与权;要了解学生的问题和需求,制订相应的教学计划;课堂上要善于抓住教学契机,随机应变,灵活运用提问、追问、示范等方法达成教学目标;要把内容指导和方法指导、课堂教学和课下答疑、教师引领和同伴合作结合起来,提供全方位的学习支持。

《艾青诗选》部编九年级上册的名著导读,把诗选中的"土地意象"作为一个专题学习,对于八年级的学生而言,内容是比较简单的,因此学生也能完成预设目标。

第四节　专题化教学设计人物篇

一、不做旁观冷眼人

——《藤野先生》《孔乙己》《祝福》鲁迅"看客"
形象专题化阅读教学设计

【专题说明】

在鲁迅先生的文章里,总有这样一个群体,他们闲看枪毙"犯人",他们喜欢鉴赏别人的悲哀,热衷于咀嚼别人的痛苦;他们习惯于幸灾乐祸,推波助澜;他们愚昧麻木、无聊庸俗、冷漠顺从、愚弄他人……这个群体有一个名字——看客。他们总是出于好奇、无聊、热闹,冷眼看着你,他们所有的"挤""说""指点""叫喊""喝彩"都纯粹是为了看热闹,把别人骨子里的痛苦当作他们饭后的谈资。

这些人是《藤野先生》中的清国留学生,是《祝福》里面的柳妈、四婶和卫老婆子、鲁镇的男人们和女人们,是《孔乙己》里面的那些拿孔乙己当玩笑的掌柜、短衣帮和长衫帮。在学习《藤野先生》一文的时候,学生对鲁迅先生弃医从文的理解显然不够深入,对"凡是遇弱的国民,即使体格如何健全、如何苗壮,也只能做毫无意义的示众的材料和看客,病死多少是不必以为不幸的"更是难以理解。因此借《祝福》《孔乙己》两篇小说里对"看客"这一群体形象的分析,让学生在分析人物形象的同时,理解集体无意识的国民劣根性,培养学生的自主意识、集体意识和爱国意识。

本专题将具有共性的3篇文章进行整合,学生通过对这3篇文本的解读,从人物描写的角度,深入分析这些看客的形象,以掌握人物形象的分析方法。同时,也让学生能够意识到,虽然历史已去,但看客仍在,所以我们仍要保持一颗善良和柔软的心。

【教学目标】

1. 通过典型人物即"看客"形象的分析,总结"看客"的共同特征。

2. 学习描写典型人物,采用相应的描写手法。

【教学重难点】

认识"看客"这一群体在不同时代的特点,培养学生的自我意识、集体意识、社会意识、家国意识。

【教学过程】

导入——我们知道,在《藤野先生》这篇文章里,因为匿名信事件和看电影事件,致使鲁迅决定弃医从文,文章里有这么一句话——"但在那时那地,我的意见却变化了。"(让学生读注解)出示鲁迅从文原因的PPT。

师:那么在《藤野先生》一文中,你认为看客是谁?

生:清国留学生。

师:他们给你怎样的印象?

生:愚昧无知、游手好闲、麻木不仁、缺乏民族自尊心。

师:对了,鲁迅先生通过对这一群人的外貌描写、动作描写和语言描写刻画了这一群知识青年的看客形象。连知识青年尚且如此不觉醒,可想而知,其他的人更为不堪,我们现在就去看看《孔乙己》里面的看客。

活动任务一:初识"看客"

请大家阅读《孔乙己》完成下列表格。

(设计意图:分组进行,老师可给出文中相应的对话,并让学生分角色扮演模仿。)

篇目	谁是看客	描写手法	看客形象
《藤野先生》	清国留学生	外貌描写、动作描写、语言描写	不思进取、麻木不仁、游手好闲、缺乏民族自尊心
《孔乙己》			
《祝福》			

活动任务二:再认"看客"

阅读《祝福》,继续完成以上表格。

(设计意图:学生从人物角色去读相应句子,自主分析。)

活动任务三:刻画"看客"

从上面的表格中我们可以看出,刻画某一人物形象,有心理描写、语言描写、动作描写、外貌描写、神态描写,请同学们分组用一种或几种人物描写的方法,来刻画你身边的"看客"。

(设计意图:给出学生特定的情境,让学生快速写一段话,深化对"看客"的理解。)

最后小结升华,不做"旁观冷眼人"

用重庆公交坠江事件,《悲伤逆流成河》电影,聚众观看跳楼起哄视频,引学生深思。

【教学反思】

本专题的设计,是让学生在对鲁迅文章中的"看客"这一群体形象的分析中,理解文章的思想内涵,从而掌握对人物进行分析的方法,知道如何刻画人物。整堂课的设计,思路较清晰,目标也明确,所以操作起来,学生的反应不错,参与积极性较高,这样有助于老师通过引导达成目标。

二、在孤独中成长

——《孤独之旅》《草房子》专题化阅读教学设计

【专题说明】

《草房子》是作家曹文轩创作的一部长篇小说,它以一座建在"草房子"里的小学为背景,描绘了桑桑、杜小康、秃鹤、纸月、细马等几个少男少女的读书生活及成长历程。该书被教育部列为中小学生必读书目,其中《草房子》的节选《孤独之旅》被编入部编版初中语文教材九年级上册第四单元。

名家名篇的阅读教学在中学语文教学中一直有着重要的地位,引导学生将这些名家节选篇目解读到位、理解透彻,不仅有助于提高学生的阅读水平,更能充分发挥名著节选的导读作用,引导学生由一篇课文的阅读到对整本书的阅读。

本次教学活动,就是让学生在比较全面地把握《孤独之旅》这一篇课文的基础上,品味杜小康的孤独,准确地定位"在孤独中成长"这一主题,从而引导学生走向秃鹤,走向《草房子》这一本"成长小说",最终实现"一篇带一本"。

【教学目标】

1.通过一篇带动多篇乃至整本的阅读方式,让学生抓住文本中体现主人公孤独的相关描写,细细咀嚼品味,感悟人物的成长。

2.朗读精彩的语言片段,对比杜小康和秃鹤孤独的异同,感悟人物的心路历程。

3.培养学生归纳、欣赏、评价的能力,让他们通过学习一篇走向探究整本。

【教学重点】

找准学习《孤独之旅》一文的支点,对比杜小康和秃鹤的孤独,搭建《孤独之旅》到《草房子》的桥梁,引导学生通过学习一篇走向探究整本。

【教学课时】

1课时。

【教学准备】

PPT课件;《草房子》一书;学生预习《孤独之旅》和《草房子》一书中"秃鹤"部分。

【教学过程】

导入新课,步入孤独——这节课老师要带大家走进两个男孩的世界,去品味他们的孤独,感悟他们的成长。

他们是?

(板书:杜小康、秃鹤)

(设计意图:本堂课建立于预习的基础上,因而新课导入开门见山,直击主人公。因为简单、熟悉,所以能在第一时间集中学生的注意力,激发学生的学习兴趣。)

1.把握文意,初识孤独

《孤独之旅》一文讲述了一个怎样的故事?

明确:杜小康因为家庭的变故跟着父亲去放鸭,鸭子长大了,自己也成长的故事。或主人公因家庭变故远离家乡跟着父亲去芦苇荡放鸭,在孤独中慢慢成长的故事。

今天所学文章的体裁是小说,所以同学们也可以运用小说的知识进行概括。

师明确:

这是一个表现少年在困境中成长的故事。　　　　　(主题)

这是一个表现人物命运发生转折的故事。　　　　　(情节)

这是一个以水乡生活为背景的少年成长的故事。　　(背景)

这是一个以芦荡为场景的父子放鸭的故事。　　　　(场景)

这是一个用生动的景物描写烘托"孤独之旅"的故事。(景物)

……

(设计意图:本环节的目的在于检查学生的预习情况,帮助学生熟悉文本,加深印象,为后面的学习活动作铺垫;还可以锻炼学生的语言组织能力和口语表达能力;运用小说知识从不同角度概括,既为学生点明了概括角度,又凸显了本堂课所选文本的体裁特点。)

2.走近小康,品味孤独

快速浏览《孤独之旅》一文,勾画出杜小康在文中的两次哭。

PPT展示第一次哭:

> 杜小康开始想家,并且日甚一日地变得迫切,直至夜里做梦看到母亲,哇哇大哭起来,将父亲惊醒。

探究:杜小康为什么哭?

生:因为想家。

师：为何想家？引导至"孤独"。读 28、29 段内容。

问：什么原因导致杜小康备感孤独？

读 11、21 段内容，明确"大自然的辽阔使人感到渺小，所以感到孤独""未卜的前途使人恐惧，所以感到孤独"。

明确：

出发时——离开了同学和小伙伴不能上学了；离开了妈妈和村庄。

到达芦荡时——大自然的辽阔使人感到渺小。

安顿之后——未卜的前途使人恐惧。

有离乡背井的孤独；有离别母亲与伙伴的孤独；有空旷浩茫环境的孤独；有单调乏味生活的孤独；有心灵寂寞的孤独。

PPT 展示第二次哭：

> 杜小康闻到了一股鸭身上的羽绒气味。他把头歪过去，几乎把脸埋进了一只鸭的蓬松的羽毛里。他哭了起来，但并不是悲哀。他说不明白自己为什么想哭。

探究：杜小康究竟为什么想哭？（可读 1、32 段引导）

PPT 展示第三处文字：

> 杜小康顺手抠了几根白嫩的芦苇根，在嘴里嚼着，望着异乡的天空，心中不免又想起母亲，想起桑桑和许多油麻地的孩子。但他没有哭。他觉得自己突然长大了，坚强了。

1. 齐读屏显内容。

2. 梳理杜小康面对孤独时的心路历程。

小结：害怕孤独——直面孤独——战胜孤独。

（设计意图：本环节以"哭"为线，在层层追问、细细品读、抽丝剥茧的过程中让学生梳理并感受杜小康"害怕孤独——直面孤独——战胜孤独"的心路历程。）

3. 认识秃鹤，对比孤独

首先，"秃鹤"部分讲述了一个怎样的故事？

明确："秃鹤"节选内容讲了原本快活的陆鹤因秃顶的原因遭到同学们的非议和戏弄，过得非常不快活，内心非常孤独，后来在全乡文艺汇演中，他本色出演伪军连长这一角色为学校争光，赢得大家认可的故事。

（设计意图：本环节教学既是学习新内容，也是对旧知识的回顾。运用《孤独之旅》一文的概括方法概括《草房子》一书中"秃鹤"部分的内容，学生在举一反三、触类旁通的学习过程中，实现一篇到一类文本的学习,进而提高学习效率。)

其次,快速浏览"秃鹤"第3部分内容,勾画出能体现陆鹤孤独的句子并作批注。

再次,梳理陆鹤面对孤独时的心路历程,小组交流并展示。

小结:逃避孤独——直面孤独——战胜孤独

最后,填写表格,对比杜小康和秃鹤的孤独。

人物	孤独原因	面对孤独的态度		
		开始	后来	最终
杜小康	家道中落,生活环境突变带来的身心孤独	害怕孤独	直面孤独	战胜孤独
秃鹤	身体缺陷带来的精神上的极致孤独	逃避孤独	直面孤独	战胜孤独

(设计意图:本环节教学的目的在于运用前面所学方法,学习《草房子》一书中的其他篇章,开始搭建由一篇到一本过渡的桥梁。学习形式有自主学习、合作学习和小组展示等,充分体现以教师为主导、以学生为主体的教学理念。)

4.成长少年,畅谈孤独

第一步:讨论:从杜小康和陆鹤的成长故事中,你得到怎样的启示?

(设计意图:本环节意在引导学生学会从别人的故事中获得启示,形成正确的价值观、人生观和世界观,用以指导自己健康成长。)

第二步:升级训练:谈启示,但语句中必须包含"孤独"或"成长"中的一个词。

如:你年少无知时犯下错,可能会让另一颗年少的心陷入孤独的境地。

不必害怕各种原因造成的孤独,只有经历孤独、直面孤独、战胜孤独,才能坚强,方能成长。

(设计意图:本环节意在让学生学会用凝练的语言来阐述自己的观点,用富有哲理的语句来概括文本的主旨和自己的学习所得。)

5.阅读全书,再品孤独

曹文轩简介:曹文轩,中国儿童文学作家。北京大学中文系教授和现当代文学博士生导师。2016年获"国际安徒生奖"。代表作有长篇小说《山羊不吃天堂草》《红瓦》《草房子》等。

《草房子》简介:《草房子》是中国当代一部比较有代表性的"成长

小说"。它以一座建在"草房子"里的小学为背景,描绘了桑桑、杜小康、秃鹤、纸月、细马等几个少男少女的读书生活及成长历程,既弥漫着艰辛与痛苦,又闪烁着奇妙迷人的人性光芒。

(设计意图:本环节通过简单而又典雅的语言介绍作者曹文轩和《草房子》一书,目的是吸引学生的阅读兴趣,最终实现一篇到一本的有效过渡。)

6.课堂结语,课后作业

结语:孤独之旅走完了,我们这堂课的阅读之旅也暂告一段落。然而,铃声不是终结,希望同学们伴着美妙的铃声,走进《草房子》,开启你们的阅读之旅。

作业:课外阅读《草房子》全书。

三、凡人真情

——《背影》《秋天的怀念》《老王》散文专题化阅读教学设计

【专题说明】

本组选文以"凡人真情"为教学切入点,选了朱自清的《背影》、史铁生的《秋天的怀念》、杨绛的《老王》进行整体教学。这3篇文章流露出很多宝贵的人间真情。如《背影》中的父子之情;《秋天的怀念》中母亲默默守护瘫痪的儿子,鼓励他好好活下去的爱子之情;《老王》中杨绛与老王之间的互助关爱、愧怍之情。而这些情感发生的载体都是现实生活中平平凡凡普普通通的人,然而他们的情感又那么的真实,绝无一点陌生,这样的情感隐匿于字里行间,发生在生活里的一瞬。只要我们勤于学习,善于发现,人间何处不真情,人间何处不温暖。

【教学目标】

1.在选文中寻找感人的瞬间。

2.交流瞬间带来的思考,感人瞬间的情感体验。

3.体会散文作品散发出的情感光芒,从生活中领悟并仿写。

【教学准备】

组文、多媒体,课前自主阅读课文。

【教学过程】

导入——生活中有很多的瞬间,能够触动人心,引发思考。比如父子情,比如母子情,抑或是街坊邻里情。散文大家们,把这些瞬间都写进了文字里。接下来,我们就一起去阅读一组文章,感受细微之处的凡人真情。

(板书文章:《背影》《秋天的怀念》《老王》)

1. 朗读《背影》,展开学习

学生活动一:

自由朗读课文。思考:课文里有哪些动人的瞬间?找到后,勾画批注。

从这些瞬间里,你读出了什么?给你带来了哪些思考?可以从词语、句子、主题等方面品味。

示范交流,出示文段。

我看见他戴着黑布小帽,穿着黑布大马褂,深青布棉袍,蹒跚地走到铁道边,慢慢探身下去,尚不大难。可是他穿过铁道,要爬上那边月台,就不容易了。他用两手攀着上面,两脚再向上缩;他肥胖的身子向左微倾,显出努力的样子,这时我看见他的背影,我的泪很快地流下来了。我赶紧拭干了泪。……等他的背影混入来来往往的人里,再找不着了,我便进来坐下,我的眼泪又来了。

(设计意图:引导学生从外貌、动作、我的态度方面,结合生活交流自己的感悟。)

学生活动二:

用"我喜欢_____,从中我读出了_____,想到了_____"句式,整理发言。

学生小组交流,全班分享阅读感悟。

学完这篇课文,你想说点什么?(情感和主题的归纳)

教师小结:从平凡事,悟真情。

2. 朗读《秋天的怀念》《老王》,深入学习

学生活动三:

朗读两篇文章,选择自己最喜欢的瞬间或最能触动自己心灵的细节。然后细细品味,说说你选择的理由。用之前的句式,交流自己的阅读体验。

(设计意图:尊重学生的个性,表达不同的阅读体验。)

第一,交流《秋天的怀念》

预设 1:母子情

生交流,师引导:母亲的品格,作者对母亲的怀念之情。

预设 2:生命的意义

生交流,师引导:生命的意义的体现,升华。

第二,交流《老王》

预设1:互助关爱之情

预设2:愧怍之情

师小结:这3篇文章的共同点,在平凡的人身上,在细微之处见真情。在字里行间,流露了作者的深情。其实,在我们的生活中,也有很多感人的瞬间,我们进入下一环节,发现凡人真情。

3. 交流生活中的凡人真情瞬间

学生活动四:你在生活里遇见了哪些感人瞬间,你从瞬间里发现了什么?想到了哪些?

预设1:和父母亲人相处的瞬间

预设2:和老师同学相处的瞬间

预设3:和陌生人朋友相处的瞬间

师小结:不同的瞬间,不同的思考,"一花一世界,一沙一天堂"。瞬间,也能折射出大道理,凡人也有大真情。我们应发现人性的光辉、生命的意义以及生活的乐趣。希望今天的阅读能让同学们有所启发,多阅读,在阅读中提升阅读兴趣,得到阅读的快乐。

4. 布置作业

写一写,你在生活瞬间里的思考。

四、人和动物那些事

——《猫》《动物笑谈》《麻雀是动物世界最后的烈女》
专题化阅读教学设计

【选文来源】

统编教材七年级上册第五单元及课外阅读本文。

【专题说明】

动物是我们亲密的朋友,它们和我们一起组成了丰富、美丽、和谐的世界。本专题选编的课文,从不同的角度,描写了在不同的环境、不同的国度发生的人与动物之间的故事,读来令人难以忘怀。郑振铎的《猫》讲述了"我"养三只猫的经历,通过"我"喜欢前两只猫,厌恶第三只猫,在目睹了前两只猫的不幸后,又亲自制造了第三只猫的悲剧的过程描写,表现对人与动物关系及人生意义的深刻思考;康拉德·劳伦兹的

《动物笑谈》介绍了作者在观察水鸭子和大鹦鹉时发生的趣事,既有作者与它们相处的荒诞经历,又有小凫的可爱和大鹦鹉的"恶作剧";《麻雀是动物世界最后的烈女》表现了麻雀不愿被征服的天性。这些文章,描绘了人与动物相处的种种情形,同时表现了动物特有的精神世界,阅读这些作品,可以增进人与大自然关系的理解,加强对人类自我的理解和反思,形成善待动物、善待生命的意识。

【教学目标】

1. 概括文章主要内容,赏析 3 篇文章中的动物形象,探究作者对动物的情感。

2. 掌握快速默读的方法,学会正确运用圈点批注法做好批注。

3. 正确认识人与动物的关系,形成尊重生命、善待生命的意识。

【教学重难点】

正确认识人与动物的关系,形成尊重生命、善待生命的意识。

【教学准备】

1. 师:准备以上 3 篇文本,教学 PPT。

2. 生:提前阅读文本。

【课时安排】

1 课时。

【教学过程】

导入——PPT 展示一组动物谜语,学生猜谜导入。

耳朵大,尾巴小。顿顿吃饲料,天天睡大觉。

啮齿动物体型小,窸窸窣窣把物咬。

鼻子像钩子,耳朵像扇子。大腿像柱子,尾巴像鞭子。

头顶小红帽,模样生得俏。小巧弯弯嘴,最爱学人叫。

头戴王冠,尾有花伞。一旦打开,人人喜欢。

跑不动,跳得快,怀里揣着大口袋。

小喵喵,喵喵叫,六根胡子嘴边翘。

弯弯曲曲土里钻,身体断节不会死。

小士兵,带剪刀,横着走,常吐泡。

1. 记忆力大挑战

《猫》《动物笑谈》两篇文章各写了哪些动物?

《猫》《动物笑谈》两篇课文各写了什么事?

2. 比较阅读

快速默读《猫》《动物笑谈》两篇文章,小组合作,完成下面阅读记录卡。

篇目	主人公对动物的感情	我是从以下事件中发现的	我能抓住关键语句读出作者想要表达的感情
《动物笑谈》			
《猫》			
《藏羚羊跪拜》			

（展示快速默读要诀：不发声不指读,一眼看多字,笔墨不离手,勾画关键处。）

完成后组内交流分享。

学生展示,教师适当点评。

3. 交流探究

记得那天晚自习时,同学们正在静悄悄地写作业。突然,一只麻雀飞进了教室,安静的教室顿时变得热闹起来……

假如这件事发生在我们的教室里,你会怎么办?

4. 拓展阅读

快速默读《麻雀是动物世界最后的烈女》,探讨人与动物相处之道。思考：面对这突如其来的麻雀,怎么做才是最好的? 请从文中找出答案和依据。

作者写和动物的那些事是想告诉我们什么?

5. 联系生活

观看网红视频新闻：主人喝醉倒在路边 狗狗贴身守护防止被欺。

创作 1 条关爱、保护动物的宣传语。如：

爱护动物,让人类不孤单!

地球没有了动物,就如蓝天没有了白云。

善待动物,和谐生存!

第五节　专题化教学设计亲情篇

一、最深母子情

——《金色花》《云与波》《雨天》诗歌专题化教学设计

【专题说明】

本专题选入的3首诗歌均选自泰戈尔的散文诗集《新月集》,这部诗集共收录了37首诗,其中借助母子形象歌颂圣洁之爱的就有20多首,可见诗人落笔之频,着墨之酣。母子之爱是人世间最美好、最纯洁、最深沉、最久远、最朴实的感情之一。本设计从孩子依恋母亲、母亲担忧孩子的两个角度选取了3首诗歌,期望通过诵读的教学方式让学生更好地感受语言之精美,通过抓住人物语言引导学生更细致地解读人物形象,体会人物对"爱与被爱都同样幸福"的理解与实践,并以篇带类,激发学生阅读和欣赏《新月集》。

【教学目标】

1.掌握诗歌诵读技巧,通过有表现力的诵读感知人物形象。

2.在诵读中品味语言,更细腻地体会诗歌所表达的母子情。

3.初步了解泰戈尔及《新月集》,激发阅读兴趣。

【教学重难点】

1.掌握诗歌诵读技巧,通过有表现力的诵读读出人物形象。

2.通过诵读品味语言,更细腻地感受文章所表达的母子之情。

【教学准备】

1.准备以上3首诗歌打印稿。

2.PPT课件。

3.课前发放阅读文本。

【课时安排】

1课时。

【**教学过程**】

1.展示课题及名家对《新月集》的评价导入

展示课题：最深母子情 散文诗《七色花》《云与波》《雨天》。学生齐读课题。

师：今天学习的诗歌是关于什么主题的？为什么是新月国呢？《新月集》是怎样的一部散文诗集呢？

展示《新月集》介绍，学生朗读。

《新月集》是印度诗人、作家泰戈尔创作的诗集，共 37 首诗。主要译自 1903 年出版的孟加拉文诗集《儿童集》，也有的是用英文直接创作的。诗人着力表现的是人世间最纯粹的美的感情：儿童的纯真与可爱，母爱的无私与伟大，是贯穿其中的两条主线。

展示郑振铎对《新月集》的评价，学生齐读，了解《新月集》。

师：我国著名的翻译家郑振铎先生在《新月集》的译序中这样写到——

我喜欢《新月集》，如我之喜欢安徒生的童话，它把我们从怀疑贪婪的成人世界，带到稚嫩天真的儿童的新月之国去。我们只要一翻开它来，便立刻如得到两只有魔术的翼膀，可以使自己飞翔到美静天真的儿童国里去。

师小结：《新月集》中共收录了 37 首诗歌，其中借助母子形象歌颂圣洁之爱的就有 20 多首，这节课我们就通过诵读的方式来学习其中 3 首。先来了解本节课的学习目标。

师：古人云，"三分诗，七分读"。诗歌语言是充满生命力和表现力的，只有深入反复诵读，才能感受其魅力，体会作者情感。下面，我们就先从我们熟悉的《金色花》开始。

2.学习诗歌

活动一：再读《金色花》，把握诵读技巧

师：这首诗歌我们学过，现在大家带着回忆，一起来有感情地诵读一遍。

第一，回顾诗歌，全班齐读。

第二，带着你对诗歌的理解，选择你最喜欢的一两句大声诵读，读出感情，读得有味。

第三，生展示，生点评，教师引导，归纳出诵读技巧：

重音、停连。

语调的高低变化。

诗歌的情感基调。

第四,运用诵读技巧,全体同学有感情地诵读全诗。

师小结:同学们,诵读为我们学习诗歌打开了一扇窗,透过这扇窗,我们理解了诗意,体会了情感。通过诵读,我们感受了《金色花》中孩子的活泼调皮、机灵可爱,体会到了他对母亲无时无刻的关注和对母亲的热爱与亲昵。

师:《新月集》中不乏这样想象奇特,借助母子形象歌颂圣洁之爱的作品,比如《云与波》。

活动二:学习《云与波》

师:这首诗歌主要是以对话来展开,分别有我和谁的对话?

生:有我和住在云端的人的,还有我和住在波浪上的人的对话。

师:老师已经将这两段对话展示在了屏幕上,我们来做一个分角色诵读。

展示诗中两段对话内容,学生自由选择其一分角色诵读。(各展示一组,让同学推荐一位同学与教师一起诵读。)

①"我们从醒的时候游戏到白日终止;我们与黄金色的曙光游戏,我们与银白色的月亮游戏。"

"但是,我怎么能够上你那里去呢?"

"你到地球的边上来,举手向天,就可以被接到云端里来了。"

"我妈妈在家里等我呢,"

"我怎么能离开她而来呢?"

②"我们从早晨唱歌到晚上;我们前进又前进地旅行,也不知我们所经过的是什么地方。"

"但是,我怎么能加入你们队伍里去呢?"

"来到岸旁,站在那里,紧闭你的两眼,你就被带到波浪上来了。"

"傍晚的时候,我妈妈常要我在家里——我怎么能离开她而去呢!"

首先,同学欣赏点评。

师问:你们从刚才我与同学的对话中,听出了诗中孩子怎样的心理?

教师小结:纵然大千世界是那么迷人、有趣,可是孩子明白,在母亲的臂弯里,在母爱的小小宇宙里,不是更有无限的自由,有做不完的游戏吗?他知道的更好的游戏是和妈妈一起做。

然后,全班齐读:

我做云,你做月亮。

我用两只手遮盖你,我们的屋顶就是青碧的天空。

我是波浪,你是陌生的岸。

我奔流而进,进,进,笑哈哈地撞碎在你的膝上。

世界上就没有一个人会知道我们俩在什么地方。

学生齐读完后,个人朗读展示(2～3人)。教师指导(注意语气语调,读出与妈妈相依相恋的情感)

教师小结:"我做云""你做月亮","我"永远陪伴着妈妈;"我是波浪""你是海岸","我"永远追随着妈妈。

诗人巧用比喻,大胆想象,淋漓尽致地表现了孩子对母亲真挚的爱。依照红色字体的句式你们也来试着说几句话来表达对母亲的爱。

最后,学生依照诗歌句式,说一两句话表达对母亲的情感。

你们和诗歌中的"我"一样,都那么热爱和依恋妈妈呀!那妈妈呢?请看——

活动三:学习《雨天》

PPT 展示全诗

请同桌互读,读后结合诗中意象探讨,说说诗歌描绘了一幅怎样的景象?(试描绘)

生回答(暴雨将至及暴雨来临的景象),教师引导学生选择一段写景的诗句诵读,注意把握重音、停连、语调,力求读出画面感。

生展示,各段展示一次,教师点评要抓住意象分析,并示范朗读。师要反复读诗歌。

师:你从他们的诵读中听出了这场暴风雨……

教师小结:没有谁会比母亲更惦挂风雨中的孩子,"不要出去啊"的呼唤,融入了多少母爱。来,我们反复诵读红色的这3句诗。

展示整首诗,学生反复诵读。

教师引导:请一位同学说说从同学(老师)的诵读中,你感受到了这位母亲的……

教师小结:世界上有一种最美丽的声音,那便是母亲的呼唤。

本堂课,我们通过诵读的方式来学习这3首散文诗,知道了《金色花》《云与波》是从孩子的视角出发,表现对母亲的依恋与亲昵,《雨天》是从母亲的视角出发体现对孩子的牵挂和担忧,孩子恋着母亲,母亲爱着孩子,爱与被爱都是一种幸福!这样的幸福是《新月集》传递给我们的,这样的幸福感悟来自于伟大的诗人泰戈尔。现在我们也化身小诗人,试创作两句诗歌,献给泰戈尔,向伟大诗人致敬。

活动四:创作小诗《致泰戈尔》

课堂总结:老师用冰心老人的一句话来结束今天的课堂。她这样说,"泰戈尔,谢谢你以快美的诗情,救治我天赋的悲感,谢谢你以卓越的哲理,慰藉我心灵的寂寞"。

二、永恒的母爱

——《秋天的怀念》《我的母亲》《疯娘》专题化阅读

【教学目标】

1. 了解并能正确判断各种人物描写方法。

2. 掌握人物描写方法的表达效果,并能活学活用。

3. 通过作品的感染,让学生学会感恩。

【教学重点】

学习各种人物描写方法。

【教学难点】

运用人物描写方法进行现场写作。

【教学课时】

1课时。

【教学步骤】

活动一:

播放音乐《父亲》,问:同学们知道这首歌叫什么吗?(请学生回答)大家印象中比较深的写父亲的文章是哪篇?(如:朱自清先生的《背影》)人们都说:父爱如山,母爱似海。父爱和母爱从古至今都是我们文学作品中常见的主题,今天就让我们一起来重温一下母爱的温暖吧。

活动二:

交流研讨:学生读文段,完成老师安排的任务。

任务一:学生自读史铁生的《秋天的怀念》和胡适的《我的母亲》两文的相关文段,勾画出描写母亲或能体现母爱的语句。

任务二:组内交流。每个同学跟学友说说自己找到的句子是哪些,用了什么手法。

任务三：个别展示：学生在全班同学面前分享自己的答案。

任务四：学生互评，老师点评。

师：从以上内容的学习，我们可以知道：运用各种人物描写方法可以塑造人物形象，可以展现人物性格、品质及情感等。

任务五：活学活用：用"人物描写方法"为母亲"画像"。

活动三：拓展探究

阅读《疯娘》选段

任务一：标画出文中运用了"人物描写方法"的语句。

任务二：有感情地读一段感动你的文字或谈谈你的读后感。

任务三：把现在想对妈妈说的话写下来。

《疯娘》（节选）

每个人都有娘，我也有，可我娘是个疯子。

我们全家至今都不知娘是哪里人，叫什么名字，为什么疯了？

23 年前，有个年轻的女子流落到我们村。她衣衫褴褛，蓬头垢面，见人就傻笑，且毫不避讳地当众小便，村里一些男人也就常围着她转。因此，村里的媳妇们常对着那女子吐口水，有的媳妇还上前踹她几脚，叫她"滚远些"。可她就是不滚，依然傻笑着在村里转悠。

我父亲那时已有 35 岁，他曾在石料场被机器绞断了左手而截肢，又因家穷，一直没能娶亲。奶奶见那女子还有几分长相，就动了心思，围着那疯女人转了三圈，点点头说："嗯，不错，一看就能生娃。"奶奶决定收下她给我父亲做媳妇，等她给我家传个香火后，再看情况是否把她撵走。

……

2000 年夏，我以优异成绩考上了高中，而积劳成疾的奶奶却不幸去世，没有奶奶帮衬，家里的日子更难了。民政部门将我家列为特困家庭，每月补贴 40 元钱，我所在的高中也适当地减免了我的学杂费，我这才得以继续读下去。

由于是住读，学业又抓得紧，我很少回家。父亲依旧在为 50 元打工，为我送菜的担子就责无旁贷地落在娘身上。每次总是隔壁的婶婶帮忙为我炒好咸菜和青菜，然后交给娘送去。

二十公里的羊肠山路亏娘记下来，她每个星期天为我送一次，风雨无阻。也真是怪，凡是为儿子的事，她一点也不疯。

除了母爱，我无法解释这种现象在医学上应该怎么破译。

2003 年 4 月 27 日,又是一个星期天。娘来了,不但为我送来了菜,还带来十多个野鲜桃。我拿起一个,咬了一口,笑着问她:"挺甜的,哪来的?"娘说:"我……我摘……"没想到娘还会摘野桃,我由衷地表扬她:"娘,您真是越来越能干了。"娘得到我肯定,嘿嘿地笑了。

娘临走前,我照例叮嘱她注意安全,娘哦哦地应着。送走娘,我又扑进了高考前的最后总复习中。

第二天,我正在上课,婶婶匆匆地赶到学校,让老师将我喊出教室。婶婶问我娘送菜来没有,我说送了,她昨天就回去了。婶婶说:"没有,她到现在还没回家。"我心一紧,娘该不会走岔道吧?可这条路她走了三年,照理不会错啊。婶婶问:"你娘没说什么?"我说没有,她给我带了十几个野鲜桃哩。婶婶两手一拍:"坏了,坏了,可能就坏在这野桃上。"婶婶为我请了假,我们沿着山路往回找。回家的路上我发现了几棵野桃树,因长在峭壁上才得以生存下来。我顿时明白了那桃子是从哪来的了,一种不好的感觉涌上心头。我们同时发现了一棵桃树有枝丫折断的痕迹,脚下是百丈深渊。婶婶看了看我,说:"我们弯到峭壁底下去看看吧!"我说:"婶婶,您别吓我,我娘不会……"婶婶不容分说,拉着我就往山谷里走……

娘静静地躺在谷底,周边是一些散落的桃子,她手里还紧紧攥着一个,可身上的血早就凝固成了沉重的黑色。我悲痛得五脏俱裂,紧紧地抱住娘的尸体,说:"娘啊,我的苦娘啊,儿悔不该说这桃子甜啊,是儿要了您的命啊。娘啊,您怎么不答应我?您活着没享一天福啊……"

我将头贴在娘冰冷的脸上,哭得漫山遍野的石头陪着我落泪……

2003 年 8 月 7 日,在娘下葬后的第 100 天时,湖北一家大学烫金的录取通知书穿过娘所走过的路,穿过那几株野桃树,穿过村前的稻场径直飞进了我家门。

我神情凛然地把这份迟来的鸿书插向娘亲冷寂的坟头:"娘,儿出息了,您听到了吗?您可以含笑九泉了!"

活动四:总结概括

1.俗话说"及时尽孝",不要留下"子欲养而亲不待"的遗憾。想想生活中我们能为父母做些什么?

2.本节课你学到了什么?和同学分享。

三、细节描写中的至爱亲情

——《秋天的怀念》《散步》专题化阅读教学设计

【教学目标】

1. 学会整体感知并概括文章内容。

2. 把握文章的感情基调,注意语气、节奏的变化。

3. 品味细节和重点句子的情味,挖掘文章深意。

【教学重难点】

引导学生对细节和重要句子进行分析,挖掘文章深意。

【教学过程】

导入——同学们,人们常说父母在,家就在。家是爱的港湾,乍看平平淡淡的生活,往往满溢着浓浓的亲情,让我们一起走进《秋天的怀念》和《散步》这两篇文章,去感受那至爱亲情吧。

猜猜老师为什么要把这两篇文章放在一起进行教学?(从体裁、内容等方面分析)

都是散文(体裁),都写亲情(内容),都以叙事为主。

任务一:概括文章主要内容

既然都是以叙事为主,那大家再来回顾一下这两篇文章分别讲述了什么事?

要求:同桌或前后桌同学之间相互交流两篇文章的主要内容,然后派代表发言。

《秋天的怀念》:讲述了一位重病缠身的母亲,体贴入微地照顾双腿瘫痪的儿子,鼓励儿子好好活下去的故事,歌颂了伟大而无私的母爱。

《散步》:讲述了一家三口在初春的田野上散步,发生了分歧,又完美地解决了,一家人温馨快乐。

任务二:体会感情基调

两篇文章都写的是至爱亲情,两篇文章作者处境一样吗?带给读者的情感体验是一样的吗?

《秋天的怀念》写于作者心情最低谷的时候,所以感情基调是伤感的、悲伤的。

《散步》写于作者一家初春郊外赏景心情愉悦之时,所以感情基调是美好的、温馨的。

两篇文章感情基调不同,朗读时,需注意语气、节奏的变化。

很多人在朗读这两篇文章之后,内心深处的感动不由自主地翻涌而出。那我们大家来找那些感动人心的句子读一读,品一品,注意读出语气、重音和停顿!

任务三:读句子,品深意

《秋天的怀念》:

1.母亲就悄悄地躲出去,在我看不见的地方偷偷地听着我的动静。当一切恢复沉寂,她又悄悄地进来,眼边儿红红的,看着我。

当"我"脾气暴怒砸碎玻璃、猛摔东西时,母亲并没有马上劝说、安慰、制止"我",而是"悄悄地躲出去","在我看不见的地方偷偷地听着我的动静"。"悄悄"和"偷偷"的细节,可以看出这位母亲深深地理解儿子的痛苦需要发泄,甚至需要一个人发泄,她用宽厚的母爱容忍儿子的暴怒,同时,又担忧着儿子,不放心,怕他有什么过激行为伤害了自己,所以还要"偷偷地听着我的动静"。母亲躲出去了,她的心却一刻也没有离开儿子。"悄悄"和"偷偷"的无声动作背后,是她疼痛不已的揪心。这表现了母亲的慈爱和细心。

（板书:动作描写）

2.母亲扑过来抓住我的手,忍住哭声说:"咱娘儿俩在一块,好好儿活,好好儿活……"

当"我狠命地捶打这条可恨的腿",喊着"我可活什么劲儿"时,母亲"扑过来","抓住我的手","扑""抓"两个细微的动作说明此时的母亲是怎样的痛心焦急,害怕儿子经不住打击,失去生活的勇气!儿子的痛苦在母亲心中已经加倍,母亲却没有跟儿子一起抱头痛哭,而是"忍着哭声",她是以怎样强大的毅力克制着自己的悲情。母亲说"咱娘儿俩一块儿,好好儿活,好好儿活……"指的是母亲永远不会离开残疾的我,在一块儿也暗指自己肝病晚期,病得厉害,两个病体相互依靠和支持,两个"好好儿活"反复强调,是对生命的宣誓,是对儿子的鼓励和诺言。（板书:动作描写、语言描写）

文章结尾也有一处写到"我懂得母亲没有说完的话。妹妹也懂。我俩在一块儿,要好好儿活……"

两个"懂",是在前面我残疾后自暴自弃的接触上、在母亲突然离开后、在经历了挫折和亲人的诀别后对生命真谛的理解,"我俩"是我和妹妹,我们不能辜负母亲的牵挂和希望,"好好儿活"是经历痛苦后,对生命有了新的思索和理解,是表明自己能够战胜困难的决心,这句话与前文呼应。

小结:一个母亲对儿女有责任,无论幸福还是病痛;一个儿子对母亲也有责任,尽管残疾,也不能丧失对生命的希望,要让母亲在天之灵安息。这是深沉的爱,也是生命对生命的责任。

3.母亲进来了,挡在窗前:"北海的菊花开了,我推着你去看看吧。"她憔悴的脸上现出央求般的神色。

当我"又独自坐在屋里,看着窗外的树叶'唰唰啦啦'地飘落",母亲要"挡在窗前",这位细心的母亲,唯恐飘零的落叶又勾起儿子悲观的情绪。她那憔悴的面容,既显示着绝症晚期对身体的折磨,又显示着儿子残疾又绝望的状态对母亲心理的折磨;那央求的神色,表现出屡遭儿子拒绝却从未改变的关怀与渴望,反映出母亲既盼望儿子早日摆脱阴影,又怕自己支撑不到那一天的复杂心理。

(板书:动作描写、神态描写)

师:大家有没有发现这些句子的描写都有一个共同的特点?(对人物进行的描写,而且描写得比较细微)

生纷纷回答。

师:对,这些描写都比较细微,属于细节描写。

什么是细节?

细小的情节,细枝末节。

什么是细节描写?

细节描写是指抓住生活中的细微而又具体的典型情节,加以生动细致地描绘,它具体渗透在对人物、景物或生活场面描写之中,它是最生动、最有表现力的手法。

没有细节,就没有艺术。同样,没有细节描写,就没有感染力。

常见的几种人物细节描写:

动作描写、语言描写、神态描写、外貌描写、心理描写

我们在《秋天的怀念》中品析了令人感动的句子,这些句子都运用了细节描写,那大家用我们刚才品析的方法,来找找《散步》这篇文章运用细节描写又令人感动的句子读一读,品一品。

《散步》:

1.一霎时,我感到了责任的重大……我说:"走大路。"

（语言描写）

散步时发生分歧，"我"最终决定委屈儿子，选择走大路，体现了"我"对母亲的尊敬和孝顺。

2. 但是母亲摸摸孙儿的小脑瓜，变了主意："还是走小路吧！"

（动作描写、语言描写）

母亲"摸摸孙儿的小脑瓜"这一动作表现出对孙儿的爱，因为爱母亲改变主意说："还是走大路吧！"这些细微的情节，具体而真切地表现了一个幸福家庭中各个成员之间互敬互爱的真情和中华民族尊老爱幼的美德。

3. 但我和妻子都是慢慢地，稳稳地，走得很仔细，好像我背上的同她背上的加起来，就是整个世界。

（动作描写）

我背母亲，妻子背儿子，"慢慢地，稳稳地"形容走得小心。

我和妻子是家里的顶梁柱，上有老，下有小，是承载生命承前启后的桥梁，母亲的生命是天，儿子的生命是地，天地都在背上，那就是我们中年一代的整个世界。缺失了任何一个，天塌地陷，世界崩溃。

小结：家虽小，却有整个世界，我们今生成为一家人，注定要相亲相爱，不离不弃，因为我们对彼此都有生活的责任、生命的责任。没有惊天动地，只有隐入尘烟般的微小，却感动人心。

普通的人平凡的事，仔细观察，细致描写，感动和温暖就在身边。

任务四：实战演练

修改语段，要求增加细节，使语段更加突出父亲的形象。（学生写好后，同学之间交流，选派学生朗读其修改的作品。）

我看见他走到铁道边，尚不大难。可是他走过铁道，要到达那边月台，就不容易了。他用两手爬上去，显出努力的样子。这时我看见他的背影，我的泪很快地流下来了。

我看见他戴着黑布小帽，穿着黑布大马褂，深青布棉袍，蹒跚地走到铁道边，慢慢探身下去，尚不大难。可是他穿过铁道，要爬上那边月台，就不容易了。他用两手攀着上面，两脚再向上缩；他肥胖的身子向左微倾，显出努力的样子。这时我看见他的背影，我的泪很快地流下来了。

小结：具体、细致、深入的细节描写会使文章变得更加具体生动。当然，并不是所有生活上的细节都具有价值，也不是只要写得"细"就可以了。好的细节描写必须是有用的、真实的、典型的。所以，我们要用双眼发现细节,用心灵感悟细节,用文字展现细节。

师:同学们,在我们的生活中,有许多不经意的细节,会引发我们内心的感动;也有许多的至爱亲情,令人心动,乃至流泪,甚或惭愧。类似《秋天的怀念》《散步》这种描写至爱亲情的文章很多,推荐你们课外可以去读史铁生的《合欢树》、朱自清的《背影》,在作者细微具体的描写中去感受至爱亲情吧!

第六节　专题化教学设计古诗文篇

一、从杜甫三"望"看诗圣之"圣"

——《望岳》《春望》《野望》诗歌专题化阅读教学设计

【专题说明】

儒家的仁政思想是杜甫的思想核心,他有"致君尧舜上,再使风俗淳"的宏伟抱负。他的诗反映当时社会矛盾和人民疾苦,记录了唐代由盛转衰的历史巨变。他心系苍生之疾苦,朝廷之危难,直陈时弊,体察民情,即事名篇,表达了崇高的儒家仁爱精神和强烈的忧患意识。诗圣之"圣",不仅指他精深的诗歌造诣、承前启后的诗坛地位,更是指他完美的人格、醇厚的伦理风范。

《望岳》《春望》《野望》这3首诗,是杜甫在他3个不同人生阶段所作。三首诗中都有一个"望"字,但因所望之景不同,抒发的情感也不同,让读者见到不一样的杜甫。将这3首诗组成小专题进行教学,能让学生深刻感受到杜甫不断走向"诗圣"之路的大情怀。

大情怀是他读书漫游时期希望建功立业的雄心壮志,是他在战乱流亡时期对家人的牵挂、对国家命运的担忧,更是他寓居成都草堂时期,仍对国家和人民的关怀。这3个阶段,是诗人由关心自我到关心家国,最后上升至关心众生的一个转变。

【教学目标】

1. 能根据诗歌景物特点、关键词的品味和对诗人生平的了解,准确把握诗歌表达的思想感情。

2. 能在把握诗歌思想感情的基础之上,体会杜甫作为诗圣的"大情怀"。

【教学重点】

能根据诗歌意象特点、关键词的品味和对诗人人生经历的了解,准确把握诗歌表达的思想感情。

【教学难点】

能将诗歌思想情感分析的方法运用在课外诗歌鉴赏中。

【教学过程】

导入——我们都知道杜甫被称为诗圣。诗歌史上的圣人啊,这个评价是相当高了。那么,为何称他为诗圣? 引入问题。(学生回答:胸怀坦荡、仁爱之心、博学多识 ......)

生:最崇高的,学识和技能有极高成就的。

生:必有伟大而坚定的信念,博古通今,拥有超乎常人的意志和思想。怀揣着重建社会、挽救世道的崇高理想。

师:好,这个问题我们暂且放一放,我们现在来赏析杜甫的 3 首诗,看他究竟"圣"在何处?

活动一:学生自读,学习《望岳》

既然都是"望",那就一定会望到景物和场景,所以这里提示同学们,赏析写景的诗歌,首先要抓住景物的特点(这就需要我们赏析写景的角度了);其次,诗言志,所以抓住关键词的情感信息;最后,要学会结合诗人的经历和写作背景来赏析。(板书学习方法。)

1. 朗读诗歌,读准字音、节奏,读出情感。

(小组竞赛朗诵加分,请两个组。)

2. 诗人"望"到了什么? 这是一座怎样的泰山? 诗人是如何塑造这样一座泰山的?

(高大雄伟、神奇秀丽、慷慨激昂)

3. 你看到一个怎样的杜甫?

(迎难而上、积极乐观、为国效力、建功立业)

4. 写作背景展示。

一个人一生所能达到的高度,首先取决于一个人的胸襟、眼界,杜甫之所以成为"诗圣",在早年壮游时期的这首诗里就有所体现了。这是一种自我之望,明确自己的目标并立志实现,这是圣的基础。

活动二：师生共读,学习《春望》

1.诗人望见了什么? 这是一座怎样的长安城?

(破败、沦陷、感伤、凄凉)

2.为什么会是这样的萧瑟凄凉的春景?

(介绍时代背景)

3.诗人的心里"望"着什么? 从中看到一个怎样的杜甫?

(忧国忧民、思家,杜甫心里在望妻儿、望家园、望和平、望安定、望幸福、望国与家都能有一个真正的春天。)

活动三：分组拓展,学习《野望》

1.望到之景及特点?

(西山、白雪、清江、桥。西山终年积雪、重兵驻防。)

2.望到一个怎样的杜甫?

(骨肉分离、年老多病,但仍为国家百姓发愁,为不能为国效力抱愧。)

活动四：交流诗歌情感把握的方法,小组展示

1.景物人物的特点。

2.关键词的情感信息。

3.诗人经历及写作背景。

【小结升华】

从杜甫这三望,同学们知道他为什么被称为诗圣了吗? (鲁迅的话回答)不仅指他精深的诗歌造诣、承前启后的诗坛地位,更是指他完美的人格、关心人民、关心社会、悲悯众生的大情怀。(以诗作结)

二、言为心声,语为人镜

——《唐雎不辱使命》《曹刿论战》人物语言描写专题化阅读教学设计

【专题说明】

本组专题选文以"言为心声,语为人镜"为议题,选了西汉和先秦时期的文言文共两篇:《曹刿论战》《唐雎不辱使命》。这两篇文章塑造了很多鲜活的人物形象,如《曹刿论战》中的曹刿和鲁庄公;《唐雎不辱使命》中的唐雎和秦王。这几个历史人物因其鲜明的个性特点在中国历史上熠熠生辉。因身份、职务、社会地位等方面的巨大差异,他们的语言也呈现鲜明的个性特点。若能对这些个性化语言细细品味,发现人物语言描写的内在规律,必能找到一把分析独特人物形象的钥匙。

【教学目标】

1. 通过一篇带动多篇的阅读方式,让学生抓住文章中对人物语言的描写,感知人物的性格特点。

2. 朗读精彩的语言片段,感悟人物的性格特点及形象。体会用语言描写展现人物风采的重要性。

3. 培养学生归纳、欣赏、评价的能力。

【教学重点】

抓住关键词句,通过朗读及体会,感受人物的形象特点,体会用语言描写展现人物风采的重要性。

【教学课时】

1 课时。

【教学准备】

师:教学 PPT 课件。

学生:阅读课文,完成预习案。

【教学过程】

经典故事,导入新课——老师说故事,学生谈感想。

故事:某年某月某日下大雪,秀才、官人、财主和长工四人遇到了一起。雪花飘飘,秀才诗兴大发,吟了一句:"大雪纷纷落地。"官人听到秀才的诗句,摇晃着官帽,随即道了一句:"全是皇家瑞气。"财主捋了捋胡子,吹出一口邪气:"下它三年何妨。"可是饥寒交迫的长工就不乐意了,几乎是大骂一声:"放你娘的狗屁。"

1. 回顾文本,概述课文

学生活动一:

学生复述《唐雎不辱使命》的主要内容。

学生复述《曹刿论战》的主要内容。

2. 反复朗读,感知形象

学生活动二:

抓关键字词,感知人物形象

例一:寡人欲以五百里之地易安陵,安陵君其许寡人!

例二:今吾以十倍之地,请广于君,而君逆寡人者,轻寡人与?

析标点符号,感知人物形象

例一:寡人欲以五百里之地易安陵,安陵君其许寡人!

品人物对话,感知人物形象

对话一：

其乡人曰："肉食者谋之，又何间焉？"（不在其位，不谋其政。事不关己高高挂起。）

刿曰："肉食者鄙，未能远谋。"（国家兴亡，匹夫有责。）

对话二：

秦王：寡人欲以五百里之地易安陵，安陵君其许寡人！

唐雎：大王加惠，以大易小，甚善；虽然，受地于先王，愿终守之，弗敢易！

学生活动三：

方法小结

抓住关键字词，分析标点符号，细读说话内容，品味人物对话，揣摩言外之意。

3. 学以致用，分析形象

学生活动四：

细读《曹刿论战》和《唐雎不辱使命》两篇课文中的人物语言描写，运用所学方法，分析人物形象。

勾画语句，批注形象。

角色扮演，展示形象。

4. 拓展延伸，言说形象（幻灯片8）

出示《三国演义》电视剧刘关张三人剧照。

问：在你眼中，他们是什么形象？

生：……

师：（明确）

刘关张三兄弟桃园结义后都会说什么？结合你对他们形象特点的了解，充分发挥想象，分别写出他们结义后所说的话并分小组表演。

5. 畅谈收获

三、动静结合，灵动山水

——《三峡》《与朱元思书》专题化阅读教学设计

【教学目标】

1. 能熟背并准确默写这两篇课文，尤其是经典名句。

2. 学习动静结合的景物描写方法。

【教学重难点】

学习动静结合的景物描写方法。

【教学过程】

导入——有人曾经说过:"世界那么大,我想去看看。"大千世界中的山水确实很迷人。就连那些古人也不禁为这些山水沉醉,如郦道元和吴均笔下的奇山异水。请同学们分别说出两篇课文中描写山水的句子。这些句子都是作者对景物的描写,那么,以前我们学过景物描写的方法有哪些?(移步换景、寓情于景、想象、侧面描写、白描、动静结合)

师:动静,这个词真的很美,静是结茧的蛹,动是羽化的蝶,动与静让生命平添风韵。同样,动与静的结合,能让我们描绘的景色更显灵动。这节课就让我们:重温奇山异水,品析动静结合。

1. 奇山蕴秀,化静为动

山之精神写不出,以烟霞写之;春之精神写不出,以草木写之。古诗文中景物描写方式多种多样,而在这两篇文章中作者是怎样把山写活的。

问题一:《三峡》《与朱元思书》中哪些地方是突出山静的?

《三峡》:林寒涧肃,常有高猿长啸,属引凄异,空谷传响,哀转久绝。故渔者歌曰:"巴东三峡巫峡长,猿鸣三声泪沾裳。"

《与朱元思书》:泉水激石,泠泠作响;好鸟相鸣,嘤嘤成韵。蝉则千转不穷,猿则百叫无绝。

空山幽谷之中,泉水叮咚,百鸟和鸣,知了叫个不停,猿猴啼个不停,还有渔者的歌声。这种种声音,汇成一曲对生命的颂歌,把这寂静的山谷,变成一个热闹、和谐的世界。作者用有声写无声、用这些声音来突出山的寂静,同时也把这寂静的山写活了,写出了生机。

问题二:除了写声音还可以怎样能把山写活。还有哪些句子你认为能给山以动态的美呢?

《三峡》:两岸连山,略无阙处。重岩叠嶂,隐天蔽日。自非亭午夜分,不见曦月。……绝巘多生怪柏。

《与朱元思书》:夹岸高山,皆生寒树,负势竞上,互相轩邈,争高直指,千百成峰。

师:用山中的声音来写山林的幽静、和谐,用一些动词来表现山的动态,把山写活了,写出了人的情志。

问题三：这样的山林给人的感觉是怎样的？

生：很安静又很热闹，让人感觉到山林里充满了生机。

师：写文章时，用动态写静态，化动为静，往往能收到意想不到的效果。

我们读读下面的句子，体会这种用有声写无声、用动态写静态的妙处。

花落家童未扫，莺鸣山客犹眠——王维《田园乐（其六）》

蝉噪林逾静，鸟鸣山更幽——王籍《入若耶溪》

山舞银蛇，原驰蜡象，欲与天公试比高——毛泽东《沁园春·雪》

小结：

以动衬静，用有声写无声。

以动写静，用动态写静态。

景欢物腾，蕴情感生机。

2. 异水涵情，化动为静

静止的山我们可以写活了，同样流动的水，我们可以写出静态美来。

《三峡》：夏水襄陵，沿溯阻绝。……虽乘奔御风，不以疾也。……素湍绿潭，回清倒影。……悬泉瀑布，飞漱其间。

《与朱元思书》：水皆缥碧，千丈见底，游鱼细石，直视无碍。急湍甚箭，猛浪若奔。

问题四：三峡的水是这样的盛大，一个"襄"字，一个"阻"字，给你怎样的感受？

问题五：吴均笔下的水"水皆缥碧，千丈见底，游鱼细石，直视无碍。"你能描述一下画面吗？

生1：作者顺着水流飘荡，多么悠闲啊，看着游鱼细石，世界仿佛静止了，身心都投入到大自然的美好怀抱中。

生2：作者的小船随着水流继续前行，忽然"急湍甚箭，猛浪若奔"。由静转而写动，因为作者的船是向前行走的。以静衬动，是指通过描写、渲染静态，反衬动态。

"遥看瀑布挂前川"——李白《望庐山瀑布》

师：诗人将流动的"水"写成了静止的"布"，瀑布挂在山川前，以静衬动写出瀑布倾泻而下的态势。

以静写动，用静态写动态

景物沉静，蕴情感生机

在汩汩流动中,在泉水激石中,在化动为静中,此时的水已是作者爱慕美好的大自然的宁静心灵,是作者避世退隐的高洁志趣的情感抒发。

3.学习总结

以动衬静,用有声衬无声,用动态写静态。

以静衬动,用静态写动态。

动静结合,有动有静,有声有色。

4.学以致用

请选取生活中的一幅画面,展开想象,主要运用动静结合的手法进行描述。

四、道不尽,思乡情

——《次北固山下》《天净沙·秋思》《行军九日思长安故园》
《夜上受降城闻笛》专题化阅读教学设计

【专题说明】

本专题组合的4首诗歌《次北固山下》《天净沙·秋思》《行军九日思长安故园》《夜上受降城闻笛》均选自统编本七年级语文教材上册。4首诗歌组合的切入点是"思乡",本专题整合诗歌进行教学,意在通过"思乡"这一焦点,引导学生能通过对"意象"的深入赏析,理解诗歌表达的思乡情感。

【教学目标】

1.引导学生诵读诗歌,了解诗文大意,体会诗歌表达的思乡之情。

2.了解诗人借助意象表情达意的方法。

3.通过专题阅读,感受独特的思乡文化,激发学生对古典诗歌的热爱之情。

【教学重难点】

品味诗歌中的思乡名句,感悟"思乡诗"经典的魅力,体会作者所表达的真挚情感。

【教学过程】

1.创设情景,引出思乡。

以图导入,引入主题

师:各位同学,《中国诗词大会》有个环节就是看图猜诗,我们也来玩玩,看这两幅图你们能不能猜到我们今天要学的是哪首诗的意境?

图:《次北固山下》《天净沙·秋思》。

师:这两幅图画给你怎么样印象?你读到了什么样的情感?

生:思乡。

师:没错,"思乡是诗歌创作的源泉",这也是我们这节课要探讨的话题。

活动一:有感情地朗读四首诗歌

次北固山下

王湾

客路青山外,行舟绿水前。

潮平两岸阔,风正一帆悬。

海日生残夜,江春入旧年。

乡书何处达?归雁洛阳边。

天净沙·秋思

马致远

枯藤老树昏鸦,

小桥流水人家,

古道西风瘦马。

夕阳西下,

断肠人在天涯。

行军九日思长安故园

岑参

强欲登高去,无人送酒来。

遥怜故园菊,应傍战场开。

夜上受降城闻笛

李益

回乐峰前沙似雪,受降城外月如霜。

不知何处吹芦管,一夜征人尽望乡。

(设计意图:用图片猜诗导入,能激发学生的兴趣,引入《次北固山下》《天净沙·秋思》,并从画面中引出"思乡"的话题,切入主题,直观形象,符合七年级学生的心理特征。)

2. 阅读诗文,话"思乡"。

方法指导,赏析《次北固山下》

活动二:

第一步,学生自由诵读《次北固山下》,批注。(提示:诗中出现哪些意象)

知识链接:所谓意象,就是客观物象经过创作主体独特的情感活动而创造出来的一种艺术形象。

第二步,小组讨论感受诗所描绘的意境。

知识链接:意境是指文艺作品中描绘的生活图景与所表现的思想情感融为一体而形成的艺术境界。

第三步,品味诗中有表现力的语言,体会诗所蕴含的哲理及表达的情感,赏析思乡之句。

要点示例:尾联 乡书何处达?归雁洛阳边。

眼观异乡的自然风物,自然勾起诗人对故乡的思念。天空大雁北归,于是想起借鸿雁传书,以解乡愁。它表达了漂泊在外的游子对家乡亲人深切的思念之情,点明了主旨。

小结过渡:《次北固山下》是一首羁旅诗。诗人借景抒情,细致地描绘了长江下游开阔秀丽的早春景色,表达了诗人对祖国山河的热爱,流露出诗人乡愁乡思的真挚情怀,表达了诗人思念故乡、思念亲人的思乡感情。

下面,我们用刚才的学习方法再来自主学习 3 首思乡诗。

(设计意图:通过"意象"来分析人物形象、人物心理,是鉴赏诗歌的一种重要手段,所有的评判都不可空谈而要依托于文本。意象就是解读诗歌的一个重要抓手。由"意象"到"意境"的深入,进一步揭示了诗的主题——"思乡",为推进课堂作准备。)

3. 品读赏析,探究群文。

活动三:

第一步:采用"批注、想象"等方法,品读《天净沙·秋思》《行军九日思长安故园》《夜上受降城闻笛》。

学习提示:诵读诗歌,找出诗歌中的意象,说说诗人如何借助意象表达自己的情感。勾画出诗歌中的思乡名句,感悟诗人表达的真挚情感,简单批注自己的阅读感受。

第二步：自主探究,汇报交流。

《天净沙·秋思》选用了("枯藤""老树""昏鸦""小桥""流水""人家""古道""西风""瘦马""夕阳西下""断肠人十个")意象。

《行军九日思长安故园》用了"九日""登高""饮酒""菊"四个意象。"九日"指九月九日重阳节。

《夜上受降城闻笛》用了"沙""雪""月""霜""笛""征"人六个意象。

思乡名句：

夕阳西下,断肠人在天涯。

遥怜故园菊,应傍战场开。

不知何处吹芦管,一夜征人尽望乡。

小结过渡：刚才我们抓住了诗歌中选用的意象,体会了作者表达的情感。其实,读透一首诗的方法还有很多,今天,我们就把这几首诗歌放在一起来阅读,相信你会有更多的收获。

(设计意图：出示学习提示,让学生明确学习任务,把握群文阅读中的重心。结合意象重点品析,再次让学生学会诗人借助意象表情达意的方法。品味诗歌中的思乡名句,让学生感悟"思乡诗"经典的魅力,体会作者所表达的真挚情感。这符合学生的认知规律将教学目标落到实处。)

4.聚焦专题,悟"乡思"

活动四：

小组合作,比较异同

快速浏览,思考：这首诗歌有什么异同？

预设：

第一步：不同之处是什么？

(体裁不同)：《次北固山下》是五言律诗,《天净沙·秋思》是"曲",《行军九日思长安故园》《夜上受降城闻笛》是边塞诗;

(思乡情感不同)：《次北固山下》《天净沙·秋思》写的是游子的羁旅愁思,《次北固山下》描写的是诗人在船上的所见所思,表达了他在异地他乡思念家乡、思念亲人的情感,《天净沙·秋思》描绘的是一幅绝妙的深秋晚景图,真切地表现出沦落人的孤寂之情;《行军九日思长安故园》不是一般的节日思乡,而是对国事的忧虑和对战乱中人民疾苦的深深关切;《夜上受降城闻笛》描绘的是戍边将士(包括吹笛人)浓烈的乡思和满心的哀愁之情。

（同为思乡，所选的意象却不同）归纳出诗歌中表达思乡的主要意象：雁 夕阳西下 断肠人 菊 笛

第二步：相同之处是什么？（都是写思乡）四首诗歌都在写思乡，都是借思乡之情来抒发内心的真挚情感。

小结：思乡历来是文学作品的永恒主题，是游子们深情的恋歌。这些优美而忧伤的文字，总能拨动我们的心弦。

学法小结：

意象深入法

名句赏析法

朗读体会法

对比探究法

（设计意图：通过4首诗的对比阅读，加深对文本的理解，感受独特的思乡文化，激发学生对古典诗歌的热爱之情。突破教学重难点，总结学法，积累知识，将课堂落到实处。）

5. 主题拓展，寄"乡思"

今天我们重点学习了4首思乡的诗歌，进一步感悟和理解了远方游子和戍边将士那浓浓的思乡之情，通过诗人选取意象创作的名篇，感受了我国独特的思乡文化。同学们，通过学习感悟，你心中的故乡又是怎样的呢？

活动五：

学生自由交流。

师：是啊，只要我们用心去体会，仔细去观察故乡的美，以后无论走到哪里，故乡就在我们心中。今天让我们用一首《乡愁》来结束我们的这节思乡课。

乡愁

小时候，

乡愁是一枚小小的邮票，

我在这头，

母亲在那头。

长大后，

乡愁是一张窄窄的船票，

我在这头，

新娘在那头。

后来啊,

乡愁是一方矮矮的坟墓,

我在外头,

母亲在里头。

而现在,

乡愁是一湾浅浅的海峡,

我在这头,

大陆在那头。

(设计意图:将诗歌融入学生的生活,引发学生的生活体验,在学生心里种下"思乡情结"的种子,既学会了古诗文的赏析,又提升了学生的文学素养。用《乡愁》结束本课,是一场从古到今的穿越,拉近学生与诗歌的距离。)

五、奇山异水,抒情写意

——《三峡》《答谢中书书》《与朱元思书》专题阅读教学设计

【教学目标】

1. 能比较分析这 3 篇课文景物的特点和表现手法。

2. 能理解分析这 3 篇课文抒发的情感和抒情方式。

【教学重点】

能熟背并准确默写这 3 篇课文,尤其是理解性默写其中的经典名句。

【教学难点】

1. 能比较分析这 3 篇课文景物的特点和表现手法。

2. 能理解分析这 3 篇课文抒发的情感和抒情方式。

【教学过程】

活动一:

背诵《答谢中书书》《与朱元思书》《三峡》,不能背的同学可以看书。

(设计意图:本环节教学意在检查学生背诵情况,可视情况调整背诵时间,以便后面的教学能顺畅推进。)

过渡:这 3 篇文言文都是写景抒情散文,今天我们把它们放在一起比较复习,主要从文体入手,抓住"景"与"情"两个方面比较分析。如文中所言:"奇山异水,天下独绝。"这3篇文章中的景物都涉及"山"和"水",现在我们就先来赏奇山,看看它们有何异同。

活动二:赏奇山

1. 请分别背诵3篇课文中描写山的句子。

《三峡》之山:自三峡七百里中,两岸连山,略无阙处;重岩叠嶂,隐天蔽日,自非亭午夜分,不见曦月。

《与朱元思书》:夹岸高山,皆生寒树。负势竞上,互相轩邈;争高直指,千百成峰。

《答谢中书书》:高峰入云,清流见底。两岸石壁,五色交辉。青林翠竹,四时俱备。

2. 3篇文章所描写的山有何特点?

《三峡》:连绵不断、巍峨高峻(连绵、高峻)

《与朱元思书》:高峻,奇特,富有生机

《答谢中书书》:高峻,色彩斑斓

过渡:3篇课文除了都描写了"山之高"这一特点外,还都表现了山的另一个特点——静! 而这个特点三位作者都借助了一个动物的叫声,那就是——猿鸣! 请同学们回忆背诵3篇文章中描写"猿鸣"的精彩语句。

3. 3篇文章各自用了什么表现手法来写山?

《三峡》:正面描写和侧面衬托相结合

《与朱元思书》:正面描写,化静为动

《答谢中书书》:侧重视觉(仰视、俯视、平视),紧扣色彩

(设计意图:通过本环节学习,让学生清楚3篇课文写"山"的句子,"山"的特点以及写"山"时用到的相应表现手法。)

4. 比较分析《三峡》《与朱元思书》《答谢中书书》之"猿"的异同。

背诵3篇课文中写猿的句子。

《三峡》之猿:每至晴初霜旦,林寒涧肃,常有高猿长啸,属引凄异,空谷传响,哀转久绝。故渔者歌曰:"巴东三峡巫峡长,猿鸣三声泪沾裳。"

《与朱元思书》之猿:蝉则千转不穷,猿则百叫无绝。

《答谢中书书》之猿:晓雾将歇,猿鸟乱鸣。

3篇课文中"猿鸣"作用的异同点

共同特点:以声衬静,以猿鸣衬托山的静谧。

细微差别：

《三峡》之猿鸣：以猿鸣反衬出山涧的寂静和三峡秋景之凄凉——侧重表现环境的凄凉悲苦。

《与朱元思书》之猿鸣：叮咚的泉水声，嘤嘤成韵的小鸟鸣叫声，不绝于耳的猿叫蝉鸣声反衬高山的静谧，都是以声衬静——侧重表现环境的生机勃勃。

《答谢中书书》之猿鸣：渲染了欢快活泼、充满生机的气氛——侧重表现环境的生机勃勃。

（设计意图：通过本环节的学习，让学生掌握"以声衬静"的表现手法。）

过渡：山没有水，如同人没有眼睛，似乎少了灵性。刚刚赏了奇山，现在我们来分析这3篇文章的水。

活动三：观异水

学生回忆背诵这3篇课文描写水的经典名句。

1.《三峡》之水：

至于夏水襄陵，沿溯阻绝。或王命急宣，有时朝发白帝，暮到江陵，其间千二百里，虽乘奔御风，不以疾也。

春冬之时，则素湍绿潭，回清倒影。绝巘多生怪柏，悬泉瀑布，飞漱其间，清荣峻茂，良多趣味。

2.《与朱元思书》之水：

水皆缥碧，千丈见底。游鱼细石，直视无碍。急湍甚箭，猛浪若奔。

3.《答谢中书书》之水：

清流见底。

你能概括出以上3篇课文中"水"的共同点吗？描写水的方式是否相同呢？

共同点：清澈、湍急

1.《三峡》之水：侧面衬托，夸张、类比，用"素""绿""清"颜色直接描绘，动静结合。

2.《与朱元思书》之水：正面描写和侧面衬托，夸张、比喻，动静结合。

3.《答谢中书书》之水：正面描写、直接描写。

（设计意图：学生只有将学到的方法内化并运用到学习中，才能培养自主学习能力，提高学习效率。本环节教学，意在让学生用学到的方法自主合作复习，以便内化学法，提高学生能力和学习效率。）

活动四：归纳总结写景抒情散文中"景物描写"的表现手法

结构特点方面：

1. 对比   2. 衬托（烘托、渲染）

3. 铺垫   4. 照应

5. 悬念   6. 伏笔

表现方法方面：

1. 正侧结合（正面描写、侧面描写）

2. 动静结合（化静为动、以动衬静）

3. 点面结合   4. 虚实结合

5. 先抑后扬   6. 托物言志

7. 以小见大

抒情方式方面：

1. 直接抒情（直抒胸臆）   2. 借景抒情

3. 借物抒情   4. 融情于景

5. 情景交融   6. 咏史抒怀

（设计意图：总结能帮助学生理顺知识结构，突出重点，突破难点。表现手法作为初中语文基础知识中的重要内容，学生经常混淆，所以本环节教学的目的是强化学生对"表现手法"这一知识点的掌握。）

过渡：一切景语皆情语，景和情总是密不可分的。接下来，我们一起分析这 3 篇文章的情感。

活动五：品真情

1.3 篇文章在抒发情感方面有何异同？

共同点：对祖国山河的热爱，对自然的向往。

不同点：

《三峡》：作者郦道元是一位四处游荡的散文家，文章不仅抒发作者对祖国大好河山的热爱，还流露出一种对劳动人民的同情。

《与朱元思书》：作者吴均是一位向往自由和自然的官员，文章也表达了作者对祖国壮丽山河的赞美和作者对官场的厌恶，对大自然的向往和隐退山林的心愿。

《答谢中书书》：作者陶弘景被誉为"山中宰相"，文章抒写了对自然美景的热爱和向往之情，能欣赏到自然之妙的自豪，也流露了对当时人们不爱山水的遗憾之情。

2.3篇课文抒情的方式一样吗？

学生思考交流：

《三峡》之抒情——借景抒情，融情于景

"林寒涧肃，高猿长啸，属引凄异，空谷传响，哀转久绝。""巴东三峡巫峡长，猿鸣三声泪沾裳。"

《与朱元思书》之抒情——直接议论抒情

"奇山异水，天下独绝""鸢飞戾天者，望峰息心；经纶世务者，窥谷忘反。"

《答谢中书书》之抒情——首尾直接议论抒情

"山川之美，古来共谈""实是欲界之仙都，自康乐以来未复有能与其奇者。"

（设计意图：通过本环节学习，加深学生对文章中心思想的理解，再度强化对"表现手法"的理解和识记。）

【当堂检测】

请就本堂课所学知识，仿中考题型出一道题考同桌。

（设计意图：链接中考，让学生辨识中考题型并学会出题、答题，强化学习效果。）

第七节　专题化教学设计名著篇

一、《红星照耀中国》"伟人读书"专题化阅读教学设计

【设计意图】

知识改变命运是众所周知的道理，但现实中，在优越的学习条件下，依然有很多孩子包括家长在内都对学习叫苦不迭，抱怨学习负担重，压力大。一个孩子从3岁进入幼儿园到大学毕业，顺利的话就要19年，人生中最美好的年华几乎都用来进行专门学习，那么我们为什么要耗费那么多时间和精力来学习呢？《红星照耀中国》通过斯诺这个外国人的眼睛，客观真实地为我们展现了中国共产党从无到有的经历路程。斯诺从未接触红军时的刻板印象写起，在逐步深入了解的基础上带领我们重

新认识红军顽强的生命力以及不可思议的蜕变和成功。

本堂课通过专题阅读的形式,将红军将领有关读书经历的情节整合成专题,指导学生深入阅读这部纪实作品,让他们从中获得滋养和启迪,用来指导自己的学习和生活。

【学情分析】

《红星照耀中国》是经典的新闻作品,纪实性强,涉及错综复杂的政治军事内容,缺乏波澜起伏、扣人心弦的故事情节,书的内容和背景,已经远离学生,很难引起共鸣,学生阅读时容易产生畏难情绪。因此课前应先确定专题、指定内容、制订计划,帮助学生理清阅读思路,指导他们按计划阅读主要内容。

【教学目标】

1. 选择阅读作品中的重点章节,感知红军将领的读书经历。

2. 探究读书在红军将领人生历程中的重要意义。

3. 激发学生的爱国热情,思考新时期的青少年为什么读书?

【教学重难点】

1. 探究读书在红军将领人生历程中的重要意义。

2. 激发学生的爱国热情,思考新时期的青少年为什么读书。

【教学过程】

名言导入,设疑引导——古往今来,人们对读书的看法各不相同,也会因为不同的目的去读书。敬爱的总理周恩来"为中华之崛起而读书";央视著名主持人白岩松"通过读书去发现更好的自己";法国作家毛姆"为乐趣而读书"。可是,在战火纷飞、食不果腹、命不保夕的战争年代,为什么还要读书呢? 我们一起走进《红星照耀中国》,来探讨这个问题。

(设计意图:引用名人名言导入新课,引导学生初步思考读书的目的或意义。)

1. 阅读感知,对比感悟。

学习活动一:

小组展示朱德、毛泽东人生历程中有关读书的内容。

学生分别分享朱德和毛泽东的读书经历。

教师呈现相应幻灯片明确并进行方法指导:本书的一个重点内容就是共产党领袖人物的成长历程,他们的信仰和他们对中国命运的思考。阅读这本纪实作品,要学会梳理作品中写了什么人? 他们在何时何地做什么? 结果怎么样?

过渡：梳理两位共产党领袖的读书历程之后，我们不妨将其进行对比，看看两人在读书方面的共同点。

学习活动二：

从不同角度对比两人在读书方面的共同点。提示：可以从读书的时代背景、读书态度、内容等多个角度来对比。

学生根据提示对比两人读书方面的共同点并分享结论。

教师明确：

时代背景：社会动荡，贫穷落后，生活艰苦

读书时间：入学时间分别为 6 岁和 8 岁，很早就入学接受启蒙教育

老师：态度严厉粗暴，待学生很坏，常常打学生

读书环境：私塾或学堂，边读书边干活

读书内容：熟读古书

读书态度：热爱读书，勤奋读书，努力读书，如饥似渴地读书

过渡：高级将领如此，那么普通的士兵呢？他们是如何学习的？

学生介绍普通的士兵的读书情况。

（设计意图：此环节意在检查学生根据主题搜集、整理、提炼信息的能力，让学生感知两位将领的读书经历，感受他们强烈的求知欲。补充介绍普通红军士兵的读书情况，让学生感受红军将士由上而下的学习热潮，引发学生对读书学习意义的思考。）

过渡：尽管那个年代战火纷飞、食不果腹、命不保夕，但全军上下读书热情不减。读书，究竟有什么神奇的力量呢？

2. 追根溯源，探究意义

学习活动三：

思考并讨论读书学习之于两位红军将领的作用和意义。

屏显：在中国共产党的势力范围内，毛泽东的影响力比任何人都要大。他是几乎所有组织中的委员——如革命军事委员会、中央政治局、财政委员会、组织委员会、公共卫生委员会，以及其他等等。

屏显：朱德不是圣人，但是在他的自己人中间，他是个深受爱戴的人。他在一段时间内，曾经高举解放的火炬，在那些为中国的人权自由而斗争的人中间，他的名字已经永垂不朽。

学生齐读屏显资料，教师小结过渡。

读书，让毛泽东在不断接受、质疑和思考中形成了自己的人生观，最终从一个农民知识分子转变为革命家。

读书,让朱德在战术的独创性、部队的机动性和作战的多样性等方面胜过任何一个和他对阵的人,使他成为统帅长征最杰出的将领。

学生用下列句式说话:读书,让毛泽东(朱德)

教师小结

屏显:斯诺:红军中的中下级将领多无产阶级出身,而多数高级将领皆来自中等阶级、中农以及知识分子。所以知识才能让我们更懂得这个世界,做出最正确的决定,从而真正改变命运。

(设计意图:此环节通过事例分析,让学生感受知识的巨大力量,明白读书到底有什么意义。)

过渡:历史的车轮滚滚向前,时代的潮流浩浩荡荡。一代人有一代人的使命,一个时代有一个时代的印记。新时代的青少年为什么读书呢?

3. 布置作业,学以致用。

为了在班上营造良好的读书氛围,进一步激发同学们的阅读热情,请你写一份关于读书的倡议书。

(设计意图:通过写倡议书,巩固本堂课学习成效,让学生从书中得到理论知识,将课堂中滋生的片刻冲动转化为实践,内化为个人收获。)

二、从扭曲的人物行为去看《儒林外史》的讽刺艺术

【专题说明】

《儒林外史》是部编版九年级下册语文的名著阅读。它不仅是清中叶唯一一部长篇儒林小说,而且是我国古代文学史上最杰出的长篇讽刺小说,标志着我国古代讽刺小说艺术发展的新阶段。

本专题化阅读教学设计是将名著中具有共性的两个人物范进和周进的描写片段整合在一起,进行阅读教学。两人都是儒生,他们对科举和功名利禄的热衷都到了癫狂的状态,因此他们考中前、考中时和考中后的行为荒诞而令人深思。作者就是通过这样的夸张和对比的手法来达到讽刺效果的,因此把两个人物整合起来,形成专题阅读进行教学。让学生通过专题阅读的方式,感受《儒林外史》的讽刺艺术;实现名著中人物的共同点的相互渗透,从而做到有机整合进行整本书名著阅读。

【教学目标】

1.品析名著中塑造人物的方法。

2.学习名著的讽刺艺术。

3.感受现代社会生活的美好。

【教学重难点】

体会名著中的讽刺艺术。

【教学课时】

1课时。

【教学过程】

谈话导入——师:同学们,小说的三要素是什么?塑造人物形象的描写方法有哪些?你最喜欢小说中的哪种人物形象?为什么?

引入课题:从扭曲的人物行为去看《儒林外史》的讽刺艺术。

活动一:《儒林外史》简介

《儒林外史》是部编版九年级下册语文的名著阅读。它不仅是清中叶唯一一部长篇儒林小说,而且是我国古代文学史上最杰出的长篇讽刺小说,标志着我国古代讽刺小说艺术发展的新阶段。

活动二:品《儒林外史》中读书人的扭曲行为

品范进的扭曲行为

屏幕出示范进的简介,学生朗读,教师指导学生抓人物的行为变化。

分析范进中举发疯的精彩段落。

再品周进的扭曲行为

屏幕出示周进的简介,学生朗读,教师指导学生抓人物行为的变化。

分析周进中举发疯的精彩段落。

活动三:析《儒林外史》的讽刺艺术

阅读吴敬梓的简介,明白作者的写作意图。

采用填图表的方式再赏范进和周进。

人物	读书目的	考中前	考中后	考中原因	扭曲行为
范进					
周进					

从图表中分析《儒林外史》是运用了哪些方法来达到讽刺效果的?

小结：

第一，《儒林外史》善于通过人物的外貌、言行描写，表达对人物的嘲讽之情。

第二，善于通过描写人物言行的自相矛盾来表现讽刺意义。

第三，通过故事情节的前后对比来表达讽刺意义。

《儒林外史》的讽刺，不仅仅是对人物的讽刺，更是对当时社会的各种现象的揭露、控诉和批判。

活动四：运用讽刺手法描写生活中的歪风邪气

学生练习写作。

学生作品展示。

【总结】

从范进和周进的身上，吴敬梓带我们了解了当时社会科举制度对读书人的毒害，也让我们领悟了名著的艺术魅力，更使我们感受到现在生活和学习的幸福。拿起名著，认真读起来吧！

三、《西游记》之人物形象专题化阅读教学设计

【专题说明】

《西游记》是部编版七年级上册语文的名著阅读，是一部古典神魔小说，全书一百回，可分成三个部分。名著中的师徒四人，人物形象各异，所承担的责任不同，分工明确。故事情节的发展与师徒四人的性格特点密切相关，因此我把名著中描写师徒四人的相关情节整合成专题，进行整体教学。

本专题以"名著专题阅读"的策略为指导，让学生通过专题阅读的方式，感受《西游记》中的主要人物的形象，实现名著中主要人物形象的具体分析，从而做到深层次地进行名著阅读。

【教学目标】

1. 了解《西游记》的主要内容，培养学生的阅读兴趣。

2. 结合作品的故事情节和人物描写方法，理解主要人物的形象。

3. 学会分析人物的方法。

【教学重难点】

结合故事情节和环境描写理解人物特点，感受人物形象。

【教学安排】

1 课时。

【教学步骤】

导入——同学们，莎士比亚有一句名言"一千个读者，就有一千个哈姆雷特"。对于一部作品中的人物我们每个人都有自己独特的评价和看法。同学们前段时间已对《西游记》进行了阅读，这节课我们就来分析一下其中的人物形象。

上课前，先请大家倾听一首歌曲。（放歌曲《敢问路在何方》）刚才我发现有的同学在小声哼唱，同学们喜欢这首歌，同时也会喜欢《西游记》吧？在四大古典名著当中，《西游记》是最受青少年喜爱的，它被拍成了电视剧，制成了卡通片，绘成了连环画，可谓是妇孺皆知，下面我们来猜猜他们是谁？并说出你对这些人物的印象。（课件播放《西游记》中的一些人物图片）

活动一：人物形象分析

师：在唐僧师徒四人中，给你印象最深刻的是哪一个？为什么？

第一，唐僧（课件出示有关唐僧内容）

三藏答曰："我弟子曾在化生寺对佛设下洪誓大愿，不由我不尽此心。这一去，定要到西天，见佛求经，使我们回转。"

三藏勒马道："悟空，切莫伤人，只吓退他便罢。"

纷纷落泪，魂飞魄散，坐不稳雕鞍，翻跟斗跌下白马。

三藏道："你这猴头，当时倒也有些眼力，今日如何乱道！这女菩萨有此善心，将这饭要斋我等，你怎么说他是个妖精？"

唐僧特点：

心地善良，信仰坚定，不畏艰险，勇往直前。

是非不分，盲目慈悲，固执迂腐，懦弱无能。

精神境界崇高，实干能力不足。

第二，孙悟空（课件出示有关孙悟空内容）

常言道："皇帝轮流做，明年到我家。"

行者认得他是妖精，更不理论，举棒照头便打。

"师父，此时我已成佛，与你一般，莫成还戴金箍儿，你还念甚么《紧箍咒儿》揢勒我？趁早儿念个松箍儿咒，脱下来，打得粉碎，切莫叫那甚么菩萨再去捉弄他人。"

孙悟空特点：

理想英雄：敢于斗争、有勇有谋、无私无畏、积极乐观。

凡人弱点：心高气傲、争强好胜，容易冲动，爱作弄人，乐观大胆、敢于战斗的叛逆性格，将神的变幻不测、猴的急躁敏捷十分和谐地融为一体。

第三，猪八戒（课件出示有关猪八戒内容）

"上复丈母、大姨、二姨并姨夫、姑舅诸亲：我今日去做和尚了，不及面辞，休怪。丈人啊，你还好生看待我浑家，只怕我们取不成经时，好来还俗，照旧与你做女婿过活。"

"师父，他要和你分行李哩。跟着你做了这几年和尚，不成空着手回去？你把那包袱里的甚么旧褊衫，破帽子，分两件与他罢。"

"我拿了攒在这里，零零碎碎有五钱银子，因不好收拾，前者到城中，央了个银匠煎在一处，他又没天理，偷了我几分，只得四钱六分一块儿，你拿了去罢。"

猪八戒气不忿，在旁儿唆嘴道："师父，说起这个女子，他是此间农妇，因为送饭下田，路遇我等，却怎么栽他是个妖怪？哥哥的棍重，走将来试手打他一下，不期就打杀了；怕你念甚么《紧箍儿咒》，故意地使个障眼法儿，变做这等样东西，演幌你眼，使不念咒哩。"

猪八戒特点：本性憨厚纯朴，呆得可爱；能吃苦，关键时刻能发挥重大作用；好吃懒做，迷恋女色，使乖弄巧，搬弄是非，贪图安逸，好占便宜；勇敢中带着怯懦，憨厚中带着奸滑。

第四，沙僧

讨论：和孙悟空、猪八戒这一猴一猪比较起来，第三位徒弟沙和尚显得故事较少，生气不足，那么在整个故事上如果没有了沙和尚行不行？

明确：不行，因为当孙行者和八戒闹矛盾的时候，须由他出来劝说调解，两位师兄外出时，就由他陪伴师傅，如果没有了他，唐僧就危险了，经也取不成了。所以沙和尚是不能缺少的一位人物。

沙僧闻言，打了一个失惊，浑身麻木道："师兄，你都说的是那里话。"今日到此，一旦俱休，说出这等各寻头路的话来，可不违了菩萨的善果，坏了自己的德行，惹人耻笑，说我们有始无终也！"

沙和尚特点：恩怨分明，坚持原则；忍辱负重，顾全大局；不善言辞，缺乏个性；道德的典范，是粘合剂、调和剂。

活动二：感悟人生

用一句话来表达我们从这些人物身上所领悟的道理！如果你有一次旅游计划，你会选择师徒中哪个人物做你的玩伴呢？说说理由。

唐僧——认准目标，坚持到底

孙悟空——战胜自我，改变世界

猪八戒——快乐生活，幽默人生

沙和尚——谦逊为人，踏实做事

团队——团结协作，共同进步

活动三：生活链接——如何对待磨难

唐僧师徒克服八十一难，终成正果。在我们生命的日子里，其实也是一样，有晴天，也会有阴天、雨天、雪天，在我们的人生道路上，有平川坦途，也有无舟之渡，无桥之岸，那么，同学们，在人生的道路上，我们如何应对这些"磨难"呢？

【总结】

《西游记》的内涵非常丰富，一节课的解读只能是一个引子，大量的工作、更深层次的思考还需要我们在课后去完成。让我们在《敢问路在何方》这首歌曲中结束我们的愉快之旅，让我们把更多的感悟留在课后，留在每一次的名著解读中。

四、品《朝花夕拾》中的"温情"专题化阅读教学设计

【设计意图】

本设计一改以往由老师为学生明确阅读专题，学生只管就现成的专题文本展开阅读的形式，采用"一线串珠"的方式，由老师明确教学切入点即"温情"，由这根"温情"主线串联出具有同质情节的文章，再开展阅读探究。这是建立在学生必须熟读名著，了解名著内容的基础上的。这种由学生根据老师提供的焦点自己组建专题的方式，能有效提高学生的探究思维能力。

【教学目标】

1.能用粗读和细读相结合的方法，快速了解全书的内容。

2.运用"一线串珠法"深入感受作品中的温情，品味精彩片段。

【教学重难点】

运用"一线串珠法"深入感受作品中的温情，品味精彩片段。

【教学准备】

1. 准备书籍《朝花夕拾》。

2. 提前阅读文本。

【课时安排】

1 课时。

【教学过程】

活动一：根据以下提示写出人物名称

她生得黄胖而矮，说话时喜欢切切察察，还竖起第二个手指，在空中上下摇动，或者点着对手或自己的鼻尖。（长妈妈）

他是一个高而瘦的老人，须发都花白了，还戴着大眼镜。（寿镜吾先生）

她对自己的儿子虽然狠，对别家的孩子却好的，无论闹出什么乱子来，也决不去告诉各人的父母。（衍太太）

黑瘦，八字须，戴着眼镜，挟着一叠大大小小的书，据说是穿衣服太模糊了，有时竟会忘记带领结；冬天是一件旧外套，寒颤颤的。（藤野先生）

这是一个高大身材，长头发，眼球白多黑少的人，看人总像在渺视。（范爱农）

师：鲁迅先生作为新文化运动的一员斗士，留给大多数人的印象莫不是"横眉冷对千夫指"的冷峻和严肃。他的作品也大都是以揭露和鞭挞为主调，可以说先生执笔为刀，泼墨为剑，刀光剑影，刺破苍穹。但同学们如果认为这就是先生的全部，那就错了，偏了：先生除了强悍，其实也温软；先生除了冷峻刚烈，其实也幽默有趣。这些都藏在了他《朝花夕拾》中的温情里，我们一起来找一找。

活动二：以"温情"为线，深入阅读

第一，找"温情"

请同学们快速浏览这十篇文章，用圈点批注法勾画出文章中体现温情的句子。

与同学交流你找的体现温情的句子。

提示：篇名 + 语段

方法总结：阅读整本书，我们一定注意圈点批注的方法能强化我们的记忆。（板书：圈点批注）

过渡句：这些记忆中的温情，有的是往事带给先生的，也有的是一些人留给先生的印象，还有的是景传递给先生的。下面，同学们把你们刚才找到的温情晒一晒，与你的学友一起品品这温情。

第二,品"温情"

选择你最喜欢的一到两处体现温情的片段,细细品读,与同学分享。

提示:再读《朝花夕拾》,我读出了先生记忆中的温情,这温情来自于……,你看……(引用原文)

过渡句:这些温情,是先生成长的养料。细细品读,你会发现一个不一样的鲁迅,他有着普通人的喜怒哀乐,就像一个邻家大哥哥,充满了温暖的世俗烟火气息。或许,你还有更多的发现。下面我们用这样的句式继续接龙。

从这些温情里,你看到了一个怎样的鲁迅?

提示:(柔情的、有趣的、爱国的、充满童趣的……)

方法总结:我们在阅读整本书的时候,不仅要粗读略读,更需要我们在事件或人物描写中关注这些凸显的细节去驻足停留、细细体味。(板书:关注细节)

过渡句:在这些温情里,我们看到了,走下战场的鲁迅,也是一个普通人,甚至是一个很萌的人,一个有趣的人。细思这些温情,我们可以窥探到鲁迅先生真实的精神世界。我们一起来思一思、议一议,作者借助《朝花夕拾》,将这些温情传递给我们,他想告诉我们什么?

第三,思"温情"

思考:作者借助《朝花夕拾》,将这些温情传递给我们,他想告诉我们什么?

老师示范一句:借助这些温情,作者想要告诉我,他爱他的故乡;他对他的恩师充满了崇敬和感激;他……

活动三:方法总结,再读深化

同学们,这堂课我们用"温情"这颗珠子把《朝花夕拾》中的文章串联起来阅读,我们发现他们中间有许多勾连贯通的地方,这种"一线串珠"的方法,我们同样可以运用到其他整本书的阅读中。(板书:一线串珠)

请运用"一线串珠"法再读《朝花夕拾》,自己寻找更多的阅读切入点,整合相关语段,自主阅读赏析。

【总结】

同学们,《朝花夕拾》里的世界,一朵花,早上栽,晚上采,都说一花一世界,每一朵花瓣都有不同的色彩,我们的生命中也有很多落花,愿你,拿起你的笔,常常捡拾生命的落花,撷取温暖和馨香,把它一点一点地告诉后来的人……

第八节 专题化教学设计文体篇

一、新闻专题化阅读

——《我三十万大军胜利南渡长江》《首届诺贝尔奖颁发》
《人民解放军百万大军横渡长江》新闻专题化阅读教学设计

【活动目的】

1. 阅读新闻作品,了解新闻内容。

2. 掌握消息这一新闻体裁的基础知识,了解新闻的特点。

3. 把握阅读新闻的策略,提高阅读能力。

【阅读材料】

新闻作品:《我三十万大军胜利南渡长江》《首届诺贝尔奖颁发》《人民解放军百万大军横渡长江》。

补白材料:《新闻阅读》《怎样写消息》。

新闻作品旁批。

【活动准备】

破冰活动:游戏"新闻大求真"

【活动过程】

活动一:新闻大家谈

生谈:什么是新闻;是否喜欢阅读新闻;一般都会通过什么渠道去阅读了解新闻。

专家谈:链接关于新闻定义、类型的资料。

新闻是新近报道的事情——美国密苏里新闻学院院长弗兰克。

新闻就是新近发生的事实的报道——曾任中共中央宣传部长陆定一。

新闻就是广大群众欲知、应知而未知的重要的事实——我国著名新闻记者范长江。

狗咬人不是新闻，人咬狗才是新闻——美国著名报人查尔斯·丹纳。

对一个足以引起读者兴趣的事情，在不违背正确原则下，所做的最新报道。——美国西北大学教授麦道高。

师谈：走进新闻。

新闻是由新闻媒介传播的、大家关心的、新近发生的事实；

我们通常把消息、通讯、新闻特写都称为新闻；

新闻以记叙为主要表达方式；

六要素：何时、何地、何人、何事、如何、何故。（记叙文有六要素，新闻也有六要素，人们通常把……称为是新闻的六要素）

活动二：阅读消息知内容

自主阅读消息《我三十万大军胜利南渡长江》《首届诺贝尔奖颁发》，完成任务单一。

用一句话概括消息的内容。

要素＼篇名	《我三十万大军胜利南渡长江》	《首届诺贝尔奖颁发》
何时	二十一日，于二十日午夜开始	1901 年 12 月 10 日
何地	芜湖、安庆之间	瑞典的斯德哥尔摩
何人	三十万人民解放军	瑞典国王和挪威诺贝尔基金会及诺贝尔奖获得者
何事	渡过长江	首次颁发诺贝尔奖
如何	英勇，胜利	获奖
何故	未提	未提

活动三：研读旁批知结构

再读《我三十万大军胜利南渡长江》《首届诺贝尔奖颁发》，重点研读两则消息的旁批和补白《怎样写消息》。

合作探究，理清消息的结构特征，完成任务单二。

消息的结构				
1	2	3	4	5
标题			背景	

阅读方法	结论
方法一	根据要素把握内容
方法二	根据结构感知内容

活动四：延展阅读知特点

阅读《人民解放军百万大军横渡长江》，联系前两则消息，结合补白《怎样写消息》的阅读，归纳消息的特点。

小组交流。

	特点
报道时间	迅速、及时
报道内容	真实、准确
篇幅	简短
表达方式	以记叙为主
结构	倒金字塔结构（倒三角形）

活动五：你读我听悟新闻

试着用播音员的方式按要求朗读下列新闻：

新闻一：《习近平举行仪式欢迎哈萨克斯坦总统访华》

国家主席习近平7日下午在人民大会堂东门外广场举行仪式，欢迎哈萨克斯坦总统纳扎尔巴耶夫对我国进行国事访问。

军乐团奏哈中两国国歌，鸣礼炮21响。哈总统在习近平陪同下检阅中国人民解放军三军仪仗队。两国元首回到检阅台观看仪仗队分列式。随后，军乐团进行行进吹奏表演。纳扎尔巴耶夫是应习近平邀请对我国进行国事访问并出席上海合作组织成员国元首理事会第十八次会议的。

新闻二：《海军新型机动救生钟完成载人深潜训练》

近日，东部战区海军某防救船大队，在南海某海域成功进行了新型机动救生钟极限深度载人深潜训练。

记者在现场看到，指挥员下达指令后，4名操纵员迅速进入舱内。关上舱盖后，救生钟在吊车的牵引下，缓缓离开固定底座，在保障人员协助下匀速吊放入水。达到极限下潜深度后，救生钟舱内操作人员发回报告。在吊车的牵引下，救生钟开始缓缓出水，该型机动救生钟极限深度载人深潜训练顺利完成。

新闻三：《〈奔跑吧〉举行第六季新闻发布会》

4月17日，浙江卫视热播节目《奔跑吧》在太原湖滨国际大酒店召开了第六季新闻发布会。

新闻发布会现场，节目组成员与全国媒体记者面对面，畅聊新一季录制节目的感受。节目组总导演姚译添说："不管遇到什么困难,奔跑吧,就会做好。"《奔跑吧》第六季震撼启程,节目组继续推出"阳光跑道公益计划",让更多贫苦地区的孩子感受到"奔跑"的快乐和温暖。

（1）把这则消息迅速地告知同学们。

（2）把这则消息比较完整地告知同学们。

（3）把这则消息具体地告知同学们。

你觉得阅读新闻对我们的学习生活有影响吗?

活动六:关注生活读新闻

课外阅读新闻,养成浏览新闻的习惯,关注生活,关注新闻的发展。

二、议论文的论证思路

——《敬业与乐业》《怀疑与学问》《读书应是一种沉静的坚守》
专题化阅读教学设计

【选文来源】

统编教材九年级上册第五单元及课外阅读本文。

【专题说明】

分析议论文论证思路,是议论文阅读考查的重点,也是难点。课标要求:"在通读课文的基础上,理清思路,理解内容。"教育家叶圣陶先生说:"作者思有路,遵路识斯真""大凡读一篇文章,摸清作者的思路是最要紧的事,按照作者的思路去理解,理解才能透彻。"理清文章论证思路,有助于学生更好地理解和掌握文章的内容。

本专题的设计是将议论文阅读专题中的两篇课内议论文《敬业与乐业》《怀疑与学问》和一篇课外文本《读书应是一种沉静的坚守》组合成小专题,集中深入地学习议论文的论证思路的分析方法。让学生在集中的文本内容学习中,深入掌握其分析方法。

【教学目标】

1. 把握文章结构,理清解题思路。

2. 明确解题步骤,学会准确表达。

【教学重难点】

熟练掌握本题型的答题技巧。

【教学准备】

1. 师:准备以上 3 篇文本,教学 PPT。

2. 生：提前阅读文本；完成预习单。

【课时安排】

1 课时。

【教学过程】

导入——同学们，分析议论文论证思路确实有点难，大家掌握得还不够好，所以这节课我们进行"分析议论文论证思路"的专题学习。

（设计意图：议论文的论证思路就是文章围绕中心论点如何展开论证的过程，也就是作者在论述某个观点时的思维过程。这是议论文阅读中常见的一种考试题型，要求同学们能够把握文章结构，弄清各段之间的内在联系，明确文章运用的论证方法及作用，并能用简洁的语言概括出来。本节课我们就学习如何分析议论文论证思路。）

1. 课堂研讨

活动一：把握文章结构，理清论证思路

同学们，在上周的学习中我们知道要想准确分析议论文的论证思路，阅读时必须弄清以下几个问题。

> 议论文论点 / 问题。
> 议论文论证结构。论证的基本结构层次：提出问题（引论）→分析问题（本论）→解决问题（结论）常见的论证结构：a. 总分、总分总、分总式结构 b. 对照式结构 c. 层进式结构 d. 并列式结构
> 论证方法：1. 举例论证 2. 道理论证 3. 对比论证 4. 比喻论证
> 论证角度：正面、反面

现在，我从大家作业题中选择了 1 份，请大家来帮我批改评分，并说出你给分的理由和扣分的依据，这是一道 4 分题。

第一步：PPT 展示学生分析《敬业与乐业》6～7 段论证思路的问题作业，学生思考、评分、交流。

第二步：学生发言发表观点，师生共同归纳出：

第一份作业没有概括出论点，扣 1 分；把行文思路和论证思路分开写，设计不合理，扣 1 分；对分项概括不全面，扣 1 分。综上所述，可给 1 分。

第二份作业在分步分析时没有结合文章内容进行阐述，概括太笼统；扣 1～2 分。综上所述，可给 2-3 分。

师小结：可见同学们在答题时存在着缺少论点概括或论点概括不准确，分步分析有不合理现象，分析论证时概括不全面、准确，语言不完整，语言不通顺等毛病，致使本题失分较严重。

第三步：请快速更正、补充、完善自己的此题答案。

第四步：通过刚才的修改订正，现在请同学们归纳出比较准确严谨的"分析论证思路"答题格式。学生笔写，小组派代表到黑板上书写，交流展示。

第五步：在学生交流展示的基础上，教师点拨归纳出一般答题模式：

> 首先，
> ①直接提出……的论点（或引出……的论题）；
> ②通过写……的事例（或趣事、典故、传说、寓言等，或引用名言），提出……的论点（或引出……的论题）；
> 接着，
> ①用……的事例（典故、传说、寓言等或引用名言）从正面（或反面）论证论点。
> ②从……几方面论证论点。（当有分论点时可用此格式）……
> 最后，
> ①得出……的结论
> ②总结全文……
> ③归纳论点……
> ④发出号召、提出希望等

活动二：明确解题步骤，学会准确表达

刚才大家总结出的只是一般的分析论证思路的答题格式，在具体运用时一定要灵活。现在请同学们快速默读《怀疑与学问》，借鉴答题格式，学友合作，完成下面阅读记录卡。

《怀疑与学问》
问题一：本文的中心论点是什么？
治学必须有怀疑精神。（或"学者先要会疑"，或"学则须疑"）
问题二：中心论点是如何提出来的？
开门见山，借用古代学者程颐和张载的名言提出来的。
问题三：划分文章段落层次，找出文章两个分论点。
分论点一：怀疑是消极方面辨伪去妄的必须步骤； 分论点二：怀疑是积极方面建设新学说、启迪新发明的基本条件。
问题四：文章3~5段用了哪些论证方法展开论述？
举例论证、道理论证
问题五：第6段用了哪些论证方法？先后从哪些角度进行论述？
举例论证、道理论证、对比论证，先从正反两面讲道理再摆事实进行论证，最后从反面论述了怀疑在建设新学说、启迪新发明方面的意义。

问题六：综合上面的五个问题，用简洁的语言概括本文的论证过程。
文章开篇先借用名言提出中心论点；接着通过讲道理和摆事实论证了怀疑是辨伪去妄的必须步骤，然后，从正反两方面论述了怀疑是积极方面建设新学说、启迪新发明的基本条件，最后进一步总结古往今来的新发明、新理论、新作风都要持怀疑的态度，否则人类的文化就不会进步了。

学生思考做题交流、展示答案。

教师点拨，学生总结此类题的解题思路或办法。

1. 仔细阅读某个文段（或整篇文章），把每句话（或每个段落）标上序号。 2. 阅读过程中要标记重要语句和重要信息。 3. 划分层次，概括层意，理清思路。 4. 套用论证思路的答题格式，组织语言，规范答题。

活动三：学以致用拓展迁移

师：刚才我们分析了课内文章《怀疑与学问》的论证思路，下面我们继续阅读课外文章《读书应是一种沉静的坚守》，用同样的方法分析本文的论证思路。

学生阅读材料中的文章，独立思考解答，学友交流，展示答案，教师总结。

论证思路：文章由谈世界读书日现象引出中心论点"读书应该是一种恒久的坚持和沉静的坚守"，接着，作者通过讲道理分别从不同角度论述了读书需要思考"静、活、高、勤"四个字，最后，再次强调读书需要冷静思考，照应开头，点明主题。

（三）学生谈收获或困惑

预留 3 分钟，由学生谈谈本节课的收获。

（四）布置作业

完成《自信助人成功》《"知人"与"知出"》两篇议论文阅读练习题。

参考文献

[1] 李希贵.在反思中重建:"语文主题学习"的思考与探索[J].人民教育,2012(15-16).

[2] 王世堪.中学语文教学法第二版[M].北京:高等教育出版社,2005.

[3] 王德俊.新课程教学设计(初中语文)[M].北京:首都师范大学出版社,2004.

[4] 朱慕菊.走进新课程——与课程实施者的对话[M].北京:北京师范大学出版社,2002.

[5] 曲颖.读说问议练 开放式阅读教学模式探究[J].辽宁教育,2005(6).

[6] 陆志平.新课程教学案例与评析[M].长春:东北师范大学出版社,2006.

[7] 蒋萍.用专题性阅读促进学生思考和写作[J].中学语文,2013(30).

[8] 刘川江.吴泓语文专题式教学评述[D].重庆:西南大学,2012.

[9] 沈峰.试论中学语文专题教学模式[D].南京:南京师范大学,2007.

[10] 王荣生.语文课程与教学内容[M].北京:教育科学出版社,2015.

[11] 王君.刍议语文新课程中的教材整合[J].中学语文教与学,2007(30).

[12] 杨德峰.浅谈新课标下语文教师对教材的处理[J].甘肃科技纵横,2006(1).

[13] 丁利均.初中语文开放式阅读教学的实践与研究[J].教育科学,2016(12).

[14] 罗忠仁. 初中语文核心素养与教学设计的深度融合探讨 [J]. 成才之路, 2021（31）.

[15] 徐平. 注重核心素养培养 提高阅读教学质量——浅析初中语文核心素养下阅读教学的几点策略 [J]. 考试周刊, 2022（1）.

[16] 李新斌. 享受阅读, 提升能力——初中语文群文阅读策略探析 [J]. 读与写, 2022（12）.

[17] 于保东, 于保泉. 抓住主线 读出大爱——《艾青诗选》整本书选读 [J]. 中学语文教学参考, 2020（17）.

[18] 甄洪武, 于保东. 整本书阅读中学生阅读能力层级提升摭谈——以《红岩》整本书阅读为例 [J]. 新课程研究, 2020（19）.

[19] 黄淑琴. 整本书阅读指导理念下语文课外阅读策略探讨 [J]. 成才之路, 2020（02）.

[20] 万亚峰. 整本书阅读教学的"批注"指导策略——以鲁迅《朝花夕拾》为例 [J]. 中学语文教学, 2019（12）.

[21] 董淑玲. 小学语文整本书阅读教学指导策略 [J]. 基础教育研究, 2019（22）.

[22] 钟丽玲. 小学整本书阅读指导策略求索 [J]. 语文教学通讯·D刊(学术刊), 2019（11）.

[23] 李泽民. 例谈小学生整本书阅读指导的策略 [J]. 辽宁教育, 2019（15）.

[24] 耿翠霞. "群文阅读读写结合"在作文备考中的应用 [J]. 中学语文教学, 2018（04）.

[25] 魏小敏. 初中语文主题单元教学研究 [D]. 乌鲁木齐: 新疆大学, 2017.

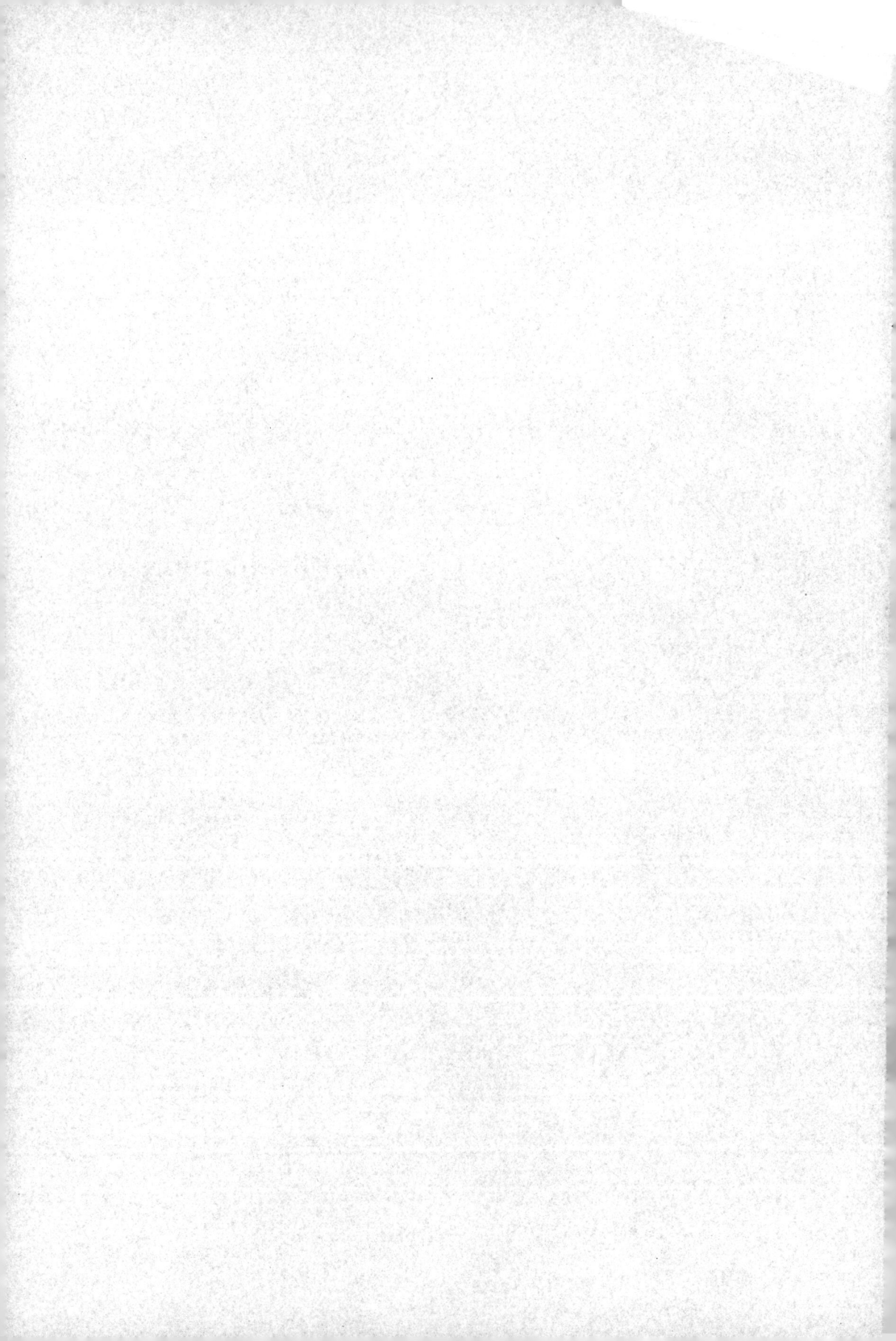